Verlorene Leben

Pierre Kretz, 1950 in Sélèstat im Elsaß geboren, studierte Jura in Straßburg und Saarbrücken. Er gab den Anwaltsberuf mit seinem 50. Geburtstag auf, weil er nicht nur nebenbei, sondern „richtig" schreiben wollte. Inzwischen liegen von ihm mehrere Theaterstücke und kulturpolitische Essays vor. 2010 erschien bei Klöpfer & Meyer seine begeistert aufgenommene Kindheitserinnerung „Ich, der kleine Katholik", dem 2012 sein Roman „Der Seelenhüter" folgte.
Große Anerkennung und Resonanz erhielt er zuletzt für sein elsässisches Mundartstück „Ich ben a beesi Frau", das sowohl der SWR als auch der SFR zum Hörspiel machten. Im Frühjahr 2019 erhielt er für sein literarisches Schaffen, in Erinnerung an Johann Peter Hebel, den renommierten „Hebeldank".

Pierre Kretz

Verlorene Leben

Ins Deutsche übersetzt von Claire Bray und Irène Kuhn

k, n

Unsere menschliche Spezies braucht Geschichten,
um die Zeit zu begleiten, und auch um etwas
Zeit für sich aufzubewahren.

Erri de Luca

... feststellen, dass man endlich wie ein Erwachsener zu
leben begonnen hat, jenes Leben zu leben, das einzige,
das jedem von uns zur Verfügung steht ...

Marcel Proust
Sodom und Gomorrha

Alois Stumpf

Kleinsdorf, Winteranfang 1922

Jetzt sind es bald vierzig Jahre, dass ich Briefträger in Kleinsdorf bin. Ich müsste wohl eher sagen, dass ich *der* Briefträger von Kleinsdorf bin. Ich bin es sogar während des Krieges geblieben, weil ich schon zu alt war, um an die Front geschickt zu werden.

Ich bin froh, dass der Krieg vorbei ist. Denn es ist furchtbar, Briefträger zu sein, wenn zwanzig Männer aus dem Dorf in den Schützengräben kämpfen, irgendwo, weit weg von hier. Ich weiß, dass viele Frauen absichtlich auf dem Hof blieben, um mein Kommen abzupassen. Sie warteten auf Briefe ihrer Männer oder ihrer Söhne, die nur sehr selten kamen, und manchmal kamen sie gar nicht mehr.

Ich erinnere mich, wie ich manche Briefe mit ungutem Gefühl ausgehändigt und im Weggehen dann hinter mir ein schreckliches Aufheulen gehört habe …

Jetzt, wo der Krieg vorbei ist, bin ich als Briefträger in einen ganz anderen, weniger tragischen Krieg involviert, von dem man in Kleinsdorf allerdings noch eine ganze Weile sprechen wird. Ein Krieg, der seit Generationen zwischen zwei Familien tobt: der Familie Müller, die man hier die *richa Meller*, die reichen Müller nennt, und ihren Nachbarn, den Schmitts.

Im Stall der Müllers stehen vier Pferde und ungefähr dreißig Kühe, dazu noch ihre Kälber. Schon allein ihr riesiger, zwei Meter hoher, akkurat aufgebauter Misthaufen beweist, dass die Bezeichnung *richa Meller* angebracht ist. Arsène Schmitt hingegen gehört zur Kategorie der *Küebüre,* der Kuhbauern, die weder Pferd noch Ochsen besitzen. Für die Feldarbeit setzt er abwechselnd eine seiner drei Kühe ein. Sein kleiner unförmiger Misthaufen ist meistens von Unkraut überwuchert.

Die Müllers und die Schmitts prozessieren unentwegt gegeneinander. Ich konnte den Stand der Verfahren irgendwie mitverfolgen anhand der Briefe, die sie von den Gerichten und den Anwälten bekamen. Letzten März habe ich Schmitt einen Brief von Müllers Anwalt ausgehändigt. Er war ziemlich nervös, als er den Umschlag aufgerissen hat. Als ich seinen Hof verließ, war er schon am Lesen. Dann bin ich nach nebenan gegangen; da standen der reiche Müller, seine Tochter Jeanne und zwei ihrer Bediensteten, und alle reckten ihre Nasen nach oben. Sie verfolgten ein eigenartiges Schauspiel: Arsène Schmitt, der eine Leiter an seinen riesigen Kirschbaum gestellt hatte, war gerade dabei, ganz konzentriert emporzusteigen. Es war sonderbar, einen Menschen ganz hinauf in einen Kirschbaum klettern zu sehen, der noch kein einziges Blatt trägt, denn es war ja März.

In der Baumkrone angekommen, hat sich Arsène Schmitt dem Müller-Hof zugewandt, hat seine Hände zum Trichter geformt und laut und deutlich gebrüllt: *„Richa Meller … Lumbapàck … Lumbavolik … Verschis-*

sen'iii ... Verschissen'iii ...", wobei er jede einzelne Silbe betonte.

„Verdammtes Lumpenpack, Drecksvolk beschissenes!" Das waren ordinäre, sehr ordinäre Beschimpfungen. Die „iiis" kamen auf so schrille und ungewöhnliche Weise aus seinem Mund, dass sie an die Schreie eines afrikanischen Vogels erinnerten. Viermal hat er seine Litanei wiederholt, glaube ich, und nach jedem Mal hat er eine gewichtige Pause gemacht. Die „iiis" flogen durch die Luft, von einem Bauernhof zum andern, wie unsichtbare Raketen, die in den riesigen Misthaufen des Nachbarn stachen, der die Szene stillschweigend beobachtete.

Das war schon immer die große Stärke vom *richa Meller* gewesen, diese Fähigkeit, einen kühlen Kopf zu bewahren. Hauptsächlich darin bestand seine Überlegenheit Schmitt und vielen anderen Kleinbauern gegenüber. Müller beherrschte seine Gefühle mit der gleichen Strenge wie seine vielen Hektar Felder.

Dann ist Schmitt langsam vom Baum gestiegen, ist durch den Obstgarten geschritten, die große Leiter auf einer Schulter balancierend, und hat sie wieder an ihren Platz gestellt. Danach ist er aufs Feld gegangen. Unterwegs habe ich ihn getroffen. Er schob seinen Karren mit ein paar Gerätschaften vor sich her und hat mich gegrüßt, als sei nichts geschehen. Jetzt konnte er sich wieder anderen Aufgaben widmen, wo er doch seine Pflicht erfüllt hatte, oben auf dem Kirschbaum, als Antwort auf das Schreiben dieses Anwalts.

Natürlich hat Müller einen neuen Prozess gegen Schmitt angestrengt, diesmal wegen Beleidigung, und ich musste als Zeuge aussagen. Müller war korrekt zu mir, das muss ich schon sagen. Er hat mich in seinem nagelneuen Citroën „Traction Avant“ mitgenommen. Es war das erste Mal in meinem Leben, dass ich in ein Auto gestiegen bin. Dann hat er mich vor der Gerichtsverhandlung, die am Nachmittag stattfand, zu einem guten Essen eingeladen. Ich habe dem Richter einfach gesagt, was ich gesehen und gehört hatte. Ich war sicher, *Lumbapàck* gehört zu haben, aber bei *Lumbavolik* war ich mir nicht mehr sicher. Schmitt hat mich einfach unterbrochen:

„Ich habe beides gesagt, Herr Richter. Aber das Wichtigste ist *Lumbavolik*, weil ...“

„Schon gut, schon gut“, hat der Richter geantwortet, „Sie geben es zu, das wird ins Protokoll aufgenommen.“

Schmitt wollte wieder das Wort ergreifen, doch sein Anwalt hat die ganze Zeit versucht, ihn zu beruhigen, was nicht ganz einfach war. Dann hat der Anwalt den Zorn seines Mandanten verteidigt und hat etwas gesagt, was mich ziemlich geärgert hat; er hat gesagt, ich sei auf Müllers Seite, obwohl ich einfach nur gesagt habe, was ich gesehen und gehört hatte.

Am Ende hat Schmitt dann doch wieder das Wort ergriffen. Er hat gesagt, dass die Zeugen die Wahrheit gesagt hätten und dass er es nicht bereue, in den Kirschbaum gestiegen zu sein, nachdem er an besagtem Tag diesen Brief erhalten hatte. Einen Brief vom Anwalt seines Nachbarn, der nur Lügen beinhalte. Er bereue auch nicht, die Ausdrücke benutzt zu haben, die man ihm vorwerfe. Vor allem auf *Lumbavolik* bestehe er, denn in diesem Wort stecke der Gedanke von Sippe, von

Gruppe, und dass er sich, wenn er sich an seine Nachbarn wende, an den ganzen Klan richte, „selbst an die auf dem Friedhof!", hat er hinzugefügt und Müller dabei in die Augen geschaut.

Der Richter hat ihn reden lassen und mit einem wohlwollenden Lächeln angesehen. Man hatte das Gefühl, dass er ihn sympathisch fand. Oder aber er hatte verstanden, dass es in dieser Geschichte einen Schwachen und einen Starken gab, ich weiß es auch nicht. Auf jeden Fall finde ich, dass Schmitt ganz gut davongekommen ist. Er wurde zu einem minimalen Bußgeld verurteilt und auch noch auf Bewährung.

Müller war nicht zufrieden, als er aus dem Gericht kam. Das konnte man seinem Gesicht ablesen. Auf dem Heimweg ist er sehr schnell gefahren. Er war sauer auf seinen Anwalt, der so gut wie nichts gesagt hatte. „Wenn ich dran denke, was der schon alles an mir verdient hat! Das geht auf keine Kuhhaut!"

Schmitt war mit dem Fahrrad gekommen, mit seinem Sohn Ernest auf dem Gepäckträger. Auf dem Heimweg haben wir sie mit dem Citroën überholt.

Schmitts Sohn war zwölf Jahre alt. Beim Prozess war er unter den Zuhörern gesessen. Ich habe gesehen, dass er alles mit größter Aufmerksamkeit beobachtete. An seinem Gesicht war zu erkennen, dass er alles verstand, was gesagt wurde, und dass er sogar das erahnte, was nicht gesagt wurde.

Am Abend habe ich zu meiner Frau Elise gesagt, dass dieser Junge sehr intelligent ist. Das sieht man an seinem Gesichtsausdruck.

Meine Frau war meiner Meinung. Sie hat sogar gesagt: „Alois, wenn man sein ganzes Leben lang Briefträger war und man sich ein bisschen für Menschen interessiert, dann hat man irgendwann eine gute Menschenkenntnis.“ Und ganz ehrlich – nicht weil diese Worte von meiner Frau stammen – aber ich glaube, dass sie damit nicht Unrecht hat.

Jeanne Müller

Cannes, Sommer 1975, auf unserem Balkon mit Meeresblick

Es fühlt sich komisch an, an meine Kindheit in Kleinsdorf vor mehr als fünfzig Jahren zurückzudenken. Es fällt mir schwer, mich davon zu überzeugen, dass ich, das *Meller Jeannala*, die Tochter des *richa Meller*, in solch einer Welt leben konnte, wobei ich mich manchmal frage, ob sie auch wirklich existiert hat.

Als kleines Mädchen habe ich die grausame Feindschaft miterlebt, die zwischen meinem Vater und unserem Nachbarn Arsène Schmitt herrschte. Ich kannte den Grund nicht, aber ich hatte schon sehr früh verstanden, dass sie zu unserem Leben dazugehörte.

Eines Tages hatte ich eine Szene erlebt, die mich zutiefst geprägt hat. Wir standen im Hof unseres Anwesens, mein Vater und noch einige andere Personen. Ich erinnere mich, dass auch Alois Stumpf, der Dorf-Briefträger dabei war. Plötzlich ist unser Nachbar auf einen Baum geklettert und hat unsere Familie lauthals beschimpft. Er hat wie ein Wahnsinniger gebrüllt, und sein Geschrei hat mich zutiefst erschüttert. Wir hatten gerade meine Großmutter beerdigt, die ich sehr geliebt habe, und unser Nachbar hat seinen Ausbruch damit beendet, dass die Beschimpfungen auch für diejenigen gelten, die nicht mehr von dieser Welt sind. Und als er das sagte, zeigte er in Richtung Friedhof ...

An diesem Abend hatte mir mein Vater ganz feierlich die endlose Geschichte des Hasses zwischen Nachbarn weitergegeben.

„Jeanne“, hat er zu mir gesagt, „heute hast du gesehen und gehört, wie die Schmitts sind. Du musst wissen, dass sie sich niemals ändern werden!“

„Aber vielleicht ist Ernest anders als sein Vater und sein Großvater?“, habe ich geantwortet. Denn Ernest, das einzige Kind der Schmitts, übte auf mich seit frühester Kindheit eine große Anziehungskraft aus. Ich fand ihn anders als die anderen Jungen aus dem Dorf. Und außerdem war er ein schöner Junge. Er hatte dichtes schwarzes Haar. Ich fand es toll, wenn er in der Kirche als Messdiener auftrat, denn dann konnte ich ihn während des Gottesdienstes die ganze Zeit anschauen. Da hat sich mein Vater aufgeregt.

„Ich hab dir doch gesagt, die ändern sich nie! Jetzt gibt er sich noch als lieber Junge, aber eines Tages wird er genau so sein wie alle anderen. Die haben das im Blut, die Schmitts. Und sprich ihn vor allem niemals an! Wenn du ihm mal irgendwo im Dorf begegnest, dann machst du es wie ich mit allen Schmitts, du wechselst die Straßenseite, und niemals wird dein Blick seinem begegnen, verstanden?“

Später habe ich verstanden, dass die *Diefmàtta*, eine sehr feuchte Talmulde, eine entscheidende Rolle in der Beziehung zwischen unseren beiden Familien gespielt hatten. Die Wiesen dieser Talmulde waren früher heiß begehrt, denn man konnte sie mindestens dreimal im

Jahr mähen, was sie zu einer wahren Futter-Vorratskammer für heiße Sommer machte. Die meisten Parzellen des kleinen Tals gelangten irgendwann in den Besitz meiner Familie, die seit Generationen bei der erstbesten Gelegenheit auch noch das kleinste Stückchen Acker zu Höchstpreisen kaufte. Man beobachtete aufmerksam den Ausgang von Nachlass-Geschichten und informierte sich über die finanziellen Schwierigkeiten des einen oder anderen Kleinbauern. Manchmal lieh mein Vater oder mein Großvater einem kleinen Kuhbauern Geld, und wenn der seine Schulden nicht zurückzahlen konnte, sagten sie zu ihm: „Ist nicht schlimm, wir gehen einfach zum Notar und du überlässt uns deine Parzelle in den *Diefmàtta*."

Die Einzigen, die diesem Land-Imperialismus meines Klans widerstanden haben, waren ausgerechnet unsere Nachbarn, die Schmitts, die verteilt über die Talmulde ein paar kleine Wiesen besaßen; die wollten sie uns um nichts auf der Welt überlassen. Das Ganze war zu einem völlig unübersichtlichen Flickenteppich geworden, den selbst ein erfahrener Landvermesser Mühe gehabt hätte zu zeichnen: Zwischen winzig kleinen Landparzellen ragten rote Pflöcke empor, die Wegerechte sichtbar machen sollten, und hier und da hatte unser Nachbar Zäune aufgestellt, deren einzige Funktion es war, den Müllers zu verstehen zu geben, dass ihr Wunsch nach unendlicher Erweiterung Grenzen hatte.

Ich erinnere mich an manche Sommer, in denen wir in den *Diefmàtta* zur gleichen Zeit wie unsere Nachbarn Heu wenden gingen. Mit unserem Hauspersonal bildeten wir eine beeindruckende Reihe von einem halben

Dutzend Heuwendern, die sich in einer Reihe vorwärtsbewegte. Man hörte nur das leise Geräusch unserer Holzrechen, die den Boden streiften. Wenn Arsène Schmitt kam, meistens in Begleitung von Ernest, um auch auf seinen Parzellen Heu zu wenden, spürte man in unseren Reihen eine Art kollektives Spottgelächter. Aber wir blieben still. Schmitt suchte sich immer die Wiese direkt neben uns aus, um sein Heu zu wenden, drehte uns aber demonstrativ den Rücken zu.

Anfang der dreißiger Jahre hatte mein Vater den ersten Heuwender gekauft. Von da an genügte es, dass ein Landarbeiter das Pferd führte, das diese revolutionäre Maschine zog: Es ging zehnmal schneller, als wenn man das Heu von Hand wendete. Damals hat Arsène Schmitt sicher verstanden – mein Vater sagte von ihm, er sei zwar verrückt, aber durchaus intelligent – dass es für Kuhbauern wie ihn keine Zukunft mehr gab. Die Zukunft gehörte den modernen Maschinen, die sich nur ein wohlhabender Bauer wie mein Vater leisten konnte und die ausschließlich auf großen Flächen rentabel waren.

Mein Bruder André sollte den Hof übernehmen. Für ihn gab es eine Zukunft in dieser modernen Landwirtschaft, deren Beginn sich abzeichnete, und in der Kleinbauern keinen Platz mehr hatten. Ernest Schmitt, obwohl Einzelkind, würde mit den paar Hektar, die er von seinen Eltern erben würde, nichts anfangen können. Im Grunde hatte die Natur doch alles recht gut eingerichtet, denn mein Bruder André war nicht sonderlich begabt und würde nicht studieren – dessen waren wir uns in meiner Familie bewusst. Dass er die Abschlussprüfung der Volksschule nicht schaffte, war eine Schande für uns alle, aber es hatte niemanden erstaunt. Er war ungefähr so alt wie Ernest und damals war allen klar, dass Ernest die Intelligenz seines Vaters besaß, nicht aber seinen Wahnsinn, und dass er das Zeug dazu hatte, sich außerhalb von Kleinsdorf eine Zukunft aufzubauen.

Auch ich hatte das verstanden. Auch ich träumte von einem Leben außerhalb des Dorfes, weit weg von all diesen Geschichten, die mich zusehends erdrückten. Und das strikte Verbot, auch nur den geringsten Kontakt zu ihm zu halten, hatte Ernest letztendlich für mich nur noch anziehender gemacht. So habe ich mich sehr früh in ihn verliebt, ohne natürlich so kühn zu sein, meine Liebe zu erklären, ja, ohne sie mir selbst völlig einzugestehen.

Während meiner letzten Reise ins Elsass bin ich in Kleinsdorf spazieren gegangen. Ohne meinen Mann. Er begleitet mich nie auf meinen seltenen Reisen in die Heimat. Ich bin in Richtung *Diefmàtta* gegangen, die ich kaum wiedererkannt habe. Das feuchte Tal war entwässert, trockengelegt worden, und ein riesiges Maisfeld hatte das Wiesen-Mosaik ersetzt. Ich hatte Mühe, mir diesen Ort so vorzustellen, wie er früher gewesen war. Doch die Erinnerung an das Geräusch der Holzrechen, an das höhnische Gelächter in den Reihen meiner Familie bei der Ankunft Arsène Schmitts und seines Sohnes, die ist mir sofort wieder gekommen.

Und dann ist mir auch diese merkwürdige Sache wieder in den Sinn gekommen: Ernests Vater und meiner sind ganz kurz nacheinander gestorben, im Abstand von ein paar Tagen, vor gerade einmal zwanzig Jahren. Es war, als hätte der Tod des einen dem anderen jeglichen Daseinszweck genommen.

Mein Bruder André hat nicht geheiratet. Mein Vater hat ihn 1938, in der Woche vor Weihnachten, erhängt in unserer Scheune gefunden.

Auf dem Rückweg ins Dorf bin ich an unserem ehemaligen Hof vorbeigekommen, der in ein Reiterzentrum für die Bourgeoisie aus Mulhouse verwandelt worden ist, und an dem Hof der Schmitts, der zum Zweitwohnsitz eines Baslers geworden ist.

Dann bin ich zum Friedhof gegangen. Ein Großteil der hier Ruhenden waren Bekannte von früher. Unser alter Pfarrer Seelig hatte sich einen Logenplatz am Eingang des Friedhofs reserviert. Wahrscheinlich hat er ihn verdient, auch wenn er André eine religiöse Bestattung verweigert hat. Damals war das so. Selbstmörder erhielten keine religiöse Beisetzung. Der Tag der Beerdigung meines Bruders André, der 27. Dezember 1938, wird für immer der traurigste Tag meines Lebens bleiben.

Was Ernest angeht, so bemühe ich mich, möglichst wenig an ihn zu denken. Diese Melancholie, die mich jedes Mal erfasst, wenn die Erinnerung an ihn mein Gedächtnis streift, macht mich letzten Endes immer nur unglücklich. Dabei ist es so dumm, von einer Jugendliebe, die noch nicht einmal erwidert wurde, derart erschüttert zu sein. Und außerdem darf ich auf gar keinen Fall mit meinem Mann über Ernest sprechen. Allein schon die Erwähnung seines Namens kann ihn in blinde Wut versetzen. Wir sind seit fast vierzig Jahren verheiratet. Ich kenne ihn. Wenn er sich ärgert, kann es passieren, dass er dann tagelang kein einziges Wort mehr mit mir redet. Und gerade wenn es um Ernest geht, kann er in eben diesen Zustand geraten.

Also spreche ich nie mehr und mit niemandem über Ernest. Ich bewahre die Erinnerung an ihn irgendwo tief in meinem Innern auf. Wie damals, als ich noch ein ganz kleines Mädchen war.

Ich würde aber so gerne wissen, was aus ihm geworden ist. In allem, was ihn betraf, hatte schon immer etwas Geheimnisvolles gelegen. Und die Jahre, die verstreichen, lassen dieses Geheimnis nur noch undurchdringlicher werden.

Pfarrer August Seelig

Kleinsdorf, April 1968

Als ich 1920 zum Pfarrer von Kleinsdorf im Sundgau ernannt wurde, dachte ich nicht, dass ich dort den Rest meines Lebens verbringen würde. Mittlerweile, fast fünfzig Jahre später, weiß ich, dass ich nicht mehr weggehen werde, denn gerade habe ich zusammen mit dem Bürgermeister, der noch ein ganz kleiner Junge war, als ich hierhergekommen bin, den Platz für mein künftiges Grab ganz in der Nähe des Friedhofeingangs ausgesucht. Es soll dort nur mein Geburts- und Todesdatum angegeben werden und die Dauer meines Dienstes als Pfarrer dieser Gemeinde, die mir so sehr ans Herz gewachsen ist.

Wird es mir vergönnt sein, zu erfahren, was aus Ernest Schmitt geworden ist, bevor ich meinen ewigen Frieden finde? Gott allein weiß es! Und in Seiner großen Güte weiß Er auch, dass ich viel für Ernest gebetet habe und es noch immer täglich tue. Es gibt wenige Menschen, für die ich in meinem Leben so viel gebetet habe wie für diesen Mann.

Ich erinnere mich noch sehr genau an jenen Frühlingstag, kurz nach meiner Ankunft in der Gemeinde. Ich lernte die Menschen gerade erst kennen, deren Seelenheil mir unser Herrgott anvertraut hatte. Ich kam von einem Treffen, das Herr Rektor Herr für alle Priester des Kantons organisiert hatte, und fuhr mit dem Fahrrad nach Hause. Es war so warm wie sonst mitten im August. Der Schweiß rann mir unter meiner Sutane nur so runter. Morgens war es noch frisch gewesen. Also hatte ich ohne zu zögern meine Winter-Sutane angezogen und darunter trug ich ein wollenes Unterhemd: Meine Tante, eine Ordensschwester, hatte es selbst gestrickt und darauf in Rot das Datum meiner ersten Messe gestickt. Um die Mittagszeit war es dann sehr warm geworden. Beim Herrn Rektor hätte ich gern mein Unterhemd ausgezogen, aber das ging nicht. Auf dem Rückweg hoffte ich dann, mich hinter ein paar Bäumen in einem Wäldchen verstecken zu können. Aber rechts und links von der Straße gab es überall nur Felder und Weiden.

Rektor Herr hatte vor allem vom Priestermangel gesprochen, der so langsam in der Diözese spürbar wurde. Viele Pfarrer und Seminaristen waren nicht aus dem Ersten Weltkrieg zurückgekehrt, und während dieser ganzen Unruhen hatte es so gut wie keine Priesterweihen gegeben. Als Pfarrer hatten wir also die Aufgabe, in unseren Gemeinden die hellen Köpfe aufzuspüren, um sie in Richtung Bischöfliches Knabenseminar zu leiten und so den Nachwuchs an Priestern zu sichern. „Es geht um die Zukunft unseres elsässischen Katholizismus“, hatte er uns immer wieder gesagt.

Ich war schon auf Ernest Schmitt aufmerksam geworden, der seine Mitschüler bei Weitem übertraf, sowohl was seine Ernsthaftigkeit, als auch seine geistige Beweglichkeit anging. Ich beschloss also, sein Elternhaus aufzusuchen, noch bevor ich in mein Pfarrhaus zurückkehrte.

Ernests Mutter saß vor dem kleinen Bauernhof und war damit beschäftigt, ein Huhn zu rupfen, das sich noch wehrte, obwohl sein Kopf schon auf dem Boden lag. Madame Schmitt schien sehr erstaunt darüber, dass sich der neue Pfarrer einen Weg durch das Geflügel bahnte und dabei sein Fahrrad schob. Mir wurde bewusst, dass ich diese Frau nicht kannte: Seit meinem Antritt als Dorfpfarrer war sie noch nie zur Beichte gekommen. Ihr Mann und Ernest arbeiteten auf dem Feld. Die Heuernte war in vollem Gang. „Ihr Ernest ist der intelligenteste Junge der Dorfschule. Unser Lehrer ist mit mir einer Meinung." Das Unterhemd juckte mich ganz furchtbar. Am liebsten hätte ich meine Hand unter meine Sutane gleiten lassen, um mir die Brust zu kratzen, aber Madame Schmitt, die bei ihrer Tätigkeit nach vorn gebeugt war, hob immer wieder ihren Blick zu mir. „Es gibt im nächsten Schuljahr noch Plätze im Bischöflichen Knabenseminar für junge Burschen in Ernests Alter. Das Studium ist dank der Kollekten in allen elsässischen Kirchen umsonst, das wissen Sie ja sicher?"

Unter ihrer Schürze war sie nur sehr leicht bekleidet. Wenn sie sich nach vorne beugte, gab sie den Blick auf Teile ihres Körpers frei, die in mir eine innere Unruhe auslösten, die ich nicht zu kontrollieren vermochte. Während aus dem Hals des Tieres weiterhin Blut tropfte, spürte ich den Schweiß an meinem ganzen Körper. Ich musste mich ungemein anstrengen, um mich nicht unter den Achseln zu kratzen. Einen Moment lang dachte ich daran, die Frau zu fragen, warum sie nicht zur Beichte kam. Ich bin dann aber lieber beim Sohn geblieben, der ja der Grund für meinen Besuch war. „Und vielleicht, wer weiß, wird unser kleiner Ernest die Stimme Gottes hören." Mein Bedürfnis, mir die Brust zu kratzen, wurde unerträglich, doch ich blieb wie angewurzelt stehen. „Ich werde meinem Mann ausrichten, dass Sie da waren", antwortete sie, leicht gereizt, und fuhr mit dem Rupfen des Huhns fort, das sie an den Füßen hielt und das jetzt nur noch zuckte.

Ich hätte mich verabschieden sollen, doch ich blieb trotz des schrecklichen Juckens unter dem wollenen Unterhemd meiner Tante reglos stehen, die Hand auf dem Lenker meines Fahrrads, wie hypnotisiert von den Formen und der weißen Haut dieser Frau, die meine Anwesenheit zu ignorieren schien. „Ich richte es ihnen aus, wenn sie zurück sind", wiederholte sie, als wollte sie mich zum Gehen auffordern, was ich dann auch tat; ich schob mein Fahrrad mitten durch die Hühner und Enten, die mir irritierte Blicke zuwarfen. Ein Hahn begleitete mich hochmütig bis zum Gatter, als müsse er sich vergewissern, dass ich nicht wieder umkehren würde.

Am Sonntag darauf ist Ernests Vater nach der Messe zu mir in die Sakristei gekommen. „Ist es denn sicher, dass uns das nichts kosten wird?", fragte er. „Ich sagte es bereits Ihrer Frau, die Gemeindemitglieder der ganzen Diözese zahlen das, in der Hoffnung, dass Ernest sich eines Tages in den Dienst unserer Kirche stellen wird." „Na, wenn es nichts kostet, dann sind meine Frau und ich einverstanden."

Im Knabenseminar ist Ernest gleich durch seine Intelligenz aufgefallen. Ich glaube, er war in seiner gesamten Schulzeit immer Klassenbester. Er kam regelmäßig, um mir seine Zeugnisse zu zeigen. Seine Lehrer – Priester, die ich fast alle kannte – fanden nicht genügend Worte, um Semester für Semester die hervorragende Arbeit und die exzellenten Ergebnisse meines jungen Gemeindemitglieds zu loben. Ich hatte ihm einmal vorgeschlagen, für Übersetzungen aus dem Lateinischen mit ihm zusammenzuarbeiten, aber das habe ich bald wieder aufgegeben, denn die offensichtliche Überlegenheit des jungen Schülers seinem Pfarrer gegenüber war für mich schwer zu ertragen, das muss ich gestehen. Mit verblüffender Leichtigkeit hatte er sich die neue Nationalsprache angeeignet – für mich ist das Französische bis heute ein Feld voller Stolpersteine geblieben.

Was die Heilige Beichte angeht, so hat er mir schnell zu verstehen gegeben, dass er sich lieber seinem Beichtvater an seiner Schule anvertrauen würde, Pater Raymond K., den ich aus der Zeit am Priesterseminar kannte, und zu dem ich seitdem freundschaftlichen Briefkontakt gehalten hatte. Und eines Tages schrieb mir Raymond Folgendes: „Dieser Junge ist beunruhigend. Er ist überaus intelligent, neugierig auf alles, aber er verschließt sich, sobald sein Beichtvater sich seiner Seele nähern will. Er folgt willig allen Gottesdiensten. Aber, wie soll ich sagen … er tut das alles mit einer solchen Teilnahmslosigkeit, dass ich mich frage, ob wir ihn eines Tages zum Priesterseminar hin orientieren werden können. Vielleicht bist du in einer besseren Position, um ihm diese Frage direkt zu stellen?“

Als die Stunde der Wahrheit näher kam, habe ich ihn also gefragt. „Ich habe nie den Ruf Jesu' gehört", hat er mir ganz einfach geantwortet. „Du weißt, dass die Elsässische Kirche dank der sonntäglichen Kollekte in allen Kirchen der Diözese dein Studium finanziert hat." „Ja, ich weiß", sagte er, „aber ich habe nie etwas gehört ..."

Es ist mir übrigens etwas peinlich, es zuzugeben: Diese Entwicklung eines meiner ehemaligen Schäfchen habe ich wie eine persönliche Niederlage empfunden. Natürlich habe ich mit meinem Beichtvater darüber gesprochen. Wir sind übereingekommen, dass ich in dieser Sache die Sünde des Hochmuts begangen hatte. Denn wenn Ernest mir gefolgt wäre, vor allem aber, wenn er dem Ruf Jesu' gefolgt wäre, so hätte ich seine Berufung als eine Art persönlichen Triumph erlebt. Vor allem, weil ein junger Mann seines Kalibers nicht ein einfacher Pfarrer in Kleinsdorf geblieben wäre. Er wäre ein Mann der Kirche geworden, einer von jenen, die wir so dringend benötigen in diesen schwierigen Zeiten, in denen sich der Atheismus Tag für Tag immer weiter ausbreitet unter den Arbeitern der großen und kleinen Städte. Ich hatte so sehr für ihn gebetet, und um mich für meine Sünde des Hochmuts zu bestrafen, tue ich es auch weiterhin. Aber es ist schwierig, für jemanden zu beten, von dem man so lange nichts mehr gehört hat, so lange ...

Nach dem Abitur hatte Ernest Jura studiert, und dieses Studium hatte er glänzend bestanden. Dann hat er in seinem Leben einen Weg eingeschlagen, den niemand vorhersehen konnte, einen Weg, der mich bis heute, wenn ich nur daran denke, traurig stimmt, obwohl schon so viele Jahre ins Land gegangen sind seit dem Tag, an dem ich von einem Priester aus Straßburg davon erfuhr.

André Schaad

Cannes, Winter 1980, auf unserem Balkon mit Meeresblick

Oft versteht man erst lange, nachdem man sie erlebt hat, in welchem Maße bestimmte Ereignisse im eigenen Leben ganz entscheidende Momente waren.

Meine Begegnung mit Ernest Schmitt, an einem Sonntagabend im Dezember 1921, im riesigen, tristen und schlecht beleuchteten Schlafsaal des Bischöflichen Knabenseminars, war für mich so ein Ereignis. Wir waren damals beide etwas über zehn Jahre alt.

Unsere Eltern hatten uns dort gerade unserem Schicksal überlassen. Zum ersten Mal wurde ich von Thérèse, meiner Zwillingsschwester, getrennt. Unsere Mütter hatten ein paar Gläser Marmelade, ein Stück geräucherten Speck, getrocknete Pflaumen und einige Äpfel ins obere Regal unserer kleinen Spinde geräumt. Im unteren Teil hatten sie unsere Kleider gestapelt. Dann hatten sie uns flüchtig in die Arme geschlossen. Unsere Väter standen etwas dumm da. Diese Männer waren außer Stande, Zärtlichkeit zu zeigen. Also haben sie ungeschickt ihre schwieligen Hände auf unseren Kopf gelegt und gesagt: „Nun denn, wir sehen uns an Weihnachten."

Ernest war von diesem ersten Abend an mein Bettnachbar und er ist es während unserer acht gemeinsamen Schuljahre geblieben. An jenem Abend hat er seine Eltern noch mit den Augen verfolgt, während sie sich auf dem langen Gang entfernten, dann, als sie endgültig verschwunden waren, hat er sich auf sein schmales Bett neben seinen Spind gesetzt. Ich habe mich auf meines gesetzt. Erst saßen wir schweigend da. Ich glaube, dass uns in diesem Moment klar geworden war, dass das, was man uns als eine große Ehre verkauft hatte – im Bischöflichen Knabenseminar aufgenommen zu werden –, in Wirklichkeit ein brutales Herausreißen aus unserer vertrauten Welt war.

Noch am Vortag hatte es nach Misthaufen, nach Vieh, Milch, Apfelmost und Heu gerochen, die gewohnten Gerüche eben. In diesem Schlafsaal aber lag nur ein einziger Geruch in der Luft, ein seltsamer, unseren Nasen unbekannter Geruch, wahrscheinlich ein Geruch nach Putzmittel und Chlor. Bisher hatten wir vor allem bei unseren Müttern und Großmüttern gelebt. Und ich hatte im Gleichklang mit meiner Zwillingsschwester gelebt. Aber hier gab es nur Männer in Sutanen, die schweigend im Hof, im Treppenhaus und in den Schlafsälen auf und ab gingen. Wir hätten weinen mögen, aber wir warteten, bis die Lichter ausgingen, um es still und jeder für sich zu tun.

Ich stamme aus einem kleinen Dorf im Ried, im Mittelelsass. Ernest kam aus einem Dorf im Sundgau, nahe der Schweizer Grenze. Ich erinnere mich nicht mehr ganz genau, worüber wir uns damals als Erstes unterhielten. Aber ich erinnere mich noch, dass ich ihn kaum verstand. Sein Sundgauer Dialekt war zu weit entfernt von meinem, mit seinen komischen Tönen, seinen unverständlichen Wörtern und vor allem diesen sonderbar klingenden Kehllauten. Ich fand ihn lächerlich. Später hat er mir anvertraut, dass er das Gleiche über meinen Dialekt dachte! Also haben wir uns bald auf Französisch unterhalten, eine Sprache, die wir beide nur sehr unvollkommen beherrschten, die aber für uns zu einer Art *lingua franca* wurde.

Es war Pater Raymond K., der uns in unserer Ausbildungszeit am stärksten geprägt hat. Dieser junge Priester war einfach großartig, und bei Weitem der Gebildetste des Kleinen Seminars. Er war unser Französisch-, Latein- und Griechisch-Lehrer. Und diesbezüglich waren Ernest und ich uns immer einig: Er war es, der uns intellektuell geprägt hatte, und er allein hatte uns seine Leidenschaft für Geschichte und Literatur übermittelt. Pater K. hatte auch den Auftrag, über unsere Seelen zu wachen und dafür zu sorgen, dass wir, wenn möglich, am Ende des Kleinen Seminars den Weg zum Großen in Straßburg einschlugen.

Er war es auch, der uns jede Woche die Beichte abnahm. Diese Beichten waren für ihn die Gelegenheit, uns auf den Zahn zu fühlen, aber auch, uns zu unterstützen, uns zu leiten. Es kam vor, dass die Sitzungen im Beichtstuhl zu vorsichtigen Verhören wurden, und dabei ging es vor allem um die Sünde der Unkeuschheit in Gedanken, Worten und Werken. Eine Zeit lang hatte ich Mühe, diese Fragen zu verstehen, so vage und durch die Blume wurden sie gestellt. Dann aber habe ich verstanden, dass sie wie die Einleitung zu einer sehr genauen Frage waren: „Und mit deinem Nachbarn im

Schlafsaal, deinem großen Freund, mit dem läuft alles gut?"

Ernest und ich mussten sehr lachen, als wir festgestellt haben, dass unser Beichtvater uns beiden genau die gleichen Fragen stellte, aber als er uns in sein Zimmer bat, um uns die Beichte abzunehmen, verging uns das Lachen. Schon bei der ersten Beichte hat er sich neben mich auf sein Sofa gesetzt und bestimmte Bewegungen gemacht, mit denen ich nicht gerechnet hatte. Ich habe ihm gesagt, dass ich den Beichtstuhl bevorzugte. Ich erinnere mich, dass meine Stimme zitterte, vielleicht aufgrund der Kühnheit, die ich gerade bewiesen hatte. Er antwortete, dass sein Zimmer geeigneter sei, denn er wäre nicht nur mein Beichtvater, sondern auch mein Seelenführer und dass ich mich auf ihn verlassen könne, wie man sich auf einen großen Bruder verlässt.

Ich habe Ernest von meinem Abenteuer erzählt; er sollte am nächsten Tag zur Beichte ins Büro unseres Seelenführers kommen. Da hat er sich folgende Strategie ausgedacht: Sobald der Pfarrer auf die Frage der Unkeuschheit zu sprechen kommen würde, würde er aufstehen, sich von ihm entfernen und mit erhobener Hand sagen: „Ich schwöre, Herr Pfarrer, dass ich niemals die Sünde der Unkeuschheit begangen habe, weder in Gedanken, noch in Worten, noch in Werken, weder mit meinem Nachbarn im Schlafsaal noch mit irgendjemandem sonst." Es hatte aber kein nächstes Mal im Büro von Raymond K. gegeben: Er hatte unseren gemeinsamen Plan durchschaut und uns von nun an nur noch im Beichtstuhl beichten lassen und uns keine weiteren Fragen zur Keuschheit unserer Gedanken, Worte und Werke gestellt.

Kurz vor dem Abi hat Pfarrer Raymond K. das Seminar sehr plötzlich und ohne jede Erklärung verlassen. Wir haben nie erfahren, warum er so plötzlich verschwand und was aus ihm geworden war. Ernest und ich vermuteten, dass dieser Mann unglücklich war. Von Zeit zu Zeit hatte er uns dazu aufgefordert, dem Ruf Gottes zu folgen, wenn wir ihn denn hörten. Doch in seiner ganzen Ausdruckweise lag auch eine Ermunterung, sich alles gut zu überlegen. So, als ob er dies selbst nicht genügend getan hätte.

Wir wussten, dass er Priester geworden war, weil das die Tradition in seiner Familie so verlangte, dass er dieser Tradition zum Opfer gefallen war und dass dieses Opfer ihn wohl zu einem verzweifelten Mann gemacht hatte, der wahrscheinlich seine wahre Bestimmung verfehlt hatte.

Mein Freund hatte mir lang und breit von den Streitereien zwischen seiner Familie und ihren Nachbarn berichtet. Eines Tages, als er von zuhause kam – wir waren damals wohl sechzehn oder siebzehn Jahre alt –, erzählte er, dass Jeanne, die Müller-Tochter, im gleichen Abteil wie er gereist sei. Er hatte sie schon von Weitem auf dem Bahnsteig erblickt und war dann in einen Wagen gestiegen, der weit von dem entfernt war, in dem sie Platz genommen hatte. Doch kaum hatte er sich ins Abteil gesetzt, kam sie, setzte sich ihm gegenüber und starrte ihn an, wie ihn noch nie jemand, und schon gar kein Mädchen, angestarrt hatte.

Das Bischöfliche Knabenseminar war eine Männerwelt, die einen trugen Sutanen, die anderen kurze Hosen. Da gab es keinen Platz für den Blickwechsel mit einer Frau, denn in dieser Welt gab es keine Frauen. Ernest wäre gerne weggelaufen, aber Jeannes starrer Blick verbot es ihm, nagelte ihn auf seiner Sitzbank fest.

„Und du hast nicht reagiert?", habe ich ihn gepiesackt. „Hast du nicht gespürt, wie die Schatten deiner Vorfahren in das Abteil fielen? Ich bin sicher, dass sie empört darüber waren, dass ein Schmitt, einer aus ihren Reihen, sich auf diese Weise von einer Müller provozieren lässt, ohne ein Wort zu sagen, ohne sie zurechtzuweisen. Wenn ich daran denke, dass dein Vater für weit weniger bis in die Spitze eines Kirschbaums geklettert ist, um den Müllers die Meinung zu geigen, und du bist stumm sitzengeblieben!"

„Ich hätte ja wohl kaum die Notbremse ziehen können! Ich habe so getan, als würde ich mich in Cäsars *Gallischen Krieg* vertiefen, aber jedes Mal, wenn ich aufschaute, sah ich diesen stillen, auf mir ruhenden Blick. Und was mich am meisten beunruhigte, war, dass in ihm kein bisschen Bosheit lag. Es war, als wenn hinter diesem Blick eine ganz einfache Frage stünde, auf die ich außer Stande war zu antworten."

„Wenn dein Vater dich gesehen hätte, wie du der Tochter des *richa Meller* gegenübersitzt und so tust, als würdest du im *Gallischen Krieg* lesen, aber von ihrem Blick überwältigt bist, das hätte ihn doch in rasende Wut versetzt, oder?", habe ich geantwortet.

„Er hätte die Notbremse gezogen! Ich habe mich damit begnügt, das Abteil zu verlassen, ohne sie eines Blickes zu würdigen, als sich der Zug dem Bahnhof von

Mulhouse näherte. Ich war der Erste, der aus dem Wagen sprang, als der Zug zum Stehen kam. Dann bin ich auf den Bahnsteig geflüchtet wie ein Dieb, der befürchtet, verfolgt zu werden."

Ob sie denn schön sei, habe ich ihn gefragt. Er hat die Achseln gezuckt und geantwortet, dass er das nicht sagen könne. Eines Tages, als wir auf den Bus warteten, der uns zum Seminar bringen sollte, hat sich ein sehr schönes rothaariges Mädchen vor Ernest hingepflanzt und gesagt: „Au revoir, Ernest, bis bald!"

„Wer ist das?", habe ich ihn gefragt. „Doch nicht die Jeanne Müller?"

„Doch, das ist sie."

„Und du weißt nicht, ob sie schön ist? Und *ob* sie schön ist, das kann ich dir sagen!"

Zu diesem Zeitpunkt wusste ich nicht, dass gerade ein neues Kapitel meines Lebens begonnen hatte.

Alois Stumpf

Kleinsdorf, Herbst 1930

Die Leute in Kleinsdorf nennen mich weiterhin „Briefträger“, auch wenn ich schon eine ganze Weile in Rente bin.

Meine Frau und ich werden langsam alt, und da wir keine Kinder haben, gibt es so einige Leute, die sich für unser kleines Fleckchen Erde interessieren. Also haben wir gerade unsere Obstbaumwiese am *Grasberg* an unseren Nachbarn verkauft, der seine Reben ausdehnen will.

Er hat uns gesagt, dass er nächste Woche alle Obstbäume fällen werde. So sind Elise und ich vor ein paar Tagen zum *Grasberg* hoch, um uns von ihnen zu verabschieden.

Es gibt da ein paar alte Zwetschgenbäume, die schon seit Jahren keine Früchte mehr tragen. Die müssen sowieso gefällt werden. Aber für die zwei *Màdàmaschankel*-Birnbäume und für die Reihe Apfelbäume, *Gràffasteiner* und *Chàmpànieraepfel,* die ich vor gerade mal vierzig Jahren gepflanzt habe, tut es mir wirklich leid. Na ja, was soll's, so ist das Leben. Aber Elise und ich waren doch sehr traurig, als wir uns auf dem Rückweg noch einmal umgedreht und sie zum letzten Mal betrachtet haben. Die Birnbäume hatten schon fast alle

Blätter verloren, doch die Apfelbäume trugen noch ihr schönes Herbstkleid. Der Nachbar wird mir dann das Holz der Bäume geben. Es ist hartes Holz, das sehr langsam brennt. Ich werde es zur Seite tun, um es unter dem Destillierapparat zu verbrennen, wenn ich meinen Schnaps mache.

Auf dem Rückweg haben wir uns auf eine Bank gesetzt, von der aus man einen schönen Blick über das ganze Dorf hat. Es strahlte so richtig in der Abendsonne. Kleinsdorf sah winzig aus. Man hätte sich fast hinunterbeugen wollen, um das Dorf aufzuheben und es in der Hand zu halten. Die Leute waren gerade dabei, ihre Öfen anzumachen. Schöne weiße Rauchsäulen stiegen aus den Schornsteinen auf, geradewegs in den Himmel. Da habe ich gesagt:

„Sieh mal, es kommt Rauch aus dem Schornstein des Pfarrhauses. Unser Pfarrer Seelig ist von seinem Aufenthalt am Odilienberg zurück."

Dann haben wir eine Weile geschwiegen, bis Elise in seltsamem Tonfall sagte:

„Ja ja, Kleinsdorf ... Wir haben immer hier gelebt, aber ich bin mir sicher, dass zwischen den Mauern von so manchem Haus große Geheimnisse verborgen liegen ..."

Ich habe sie angesehen und beschlossen, ihr eines davon preiszugeben:

„*Richa Meller* ist der Halbbruder von Arsène Schmitt."

Ich war von ihrer Reaktion enttäuscht, denn sie schien nicht überrascht.

„Das wundert mich nicht. Ich hab' schon immer gefunden, dass sie sich ähnlich sehen", hat sie gesagt.

Dann wollte sie doch etwas mehr wissen. Also habe ich sie darauf hingewiesen, dass die Mutter von Arsène Schmitt ungefähr gleich alt war wie der Vater vom *richa Meller* und dass sie schon in jungen Jahren Witwe wurde und keine Kinder hatte. Und ich bin sicher, dass *richa Meller* Senior sehr schnell den Weg zu ihrem Schlafzimmer gefunden hat. Im Dorf wusste jeder, dass er schon immer ein Auge auf sie geworfen hatte. Nicht, um sie zu heiraten, sie war nicht reich genug für ihn, aber für das andere. Und dann hat die junge Witwe eines schönen Tages ganz plötzlich einen Schmitt geheiratet, den keiner kannte und der buchstäblich vom Himmel gefallen war. Arsène, der Vater von Ernest, ist sechs Monate nach der Hochzeit geboren, um 1880 herum. Das ist eine alte Geschichte.

„Das würde bedeuten, dass Jeanne Müller und Ernest Schmitt Cousins sind?"

„Ganz genau. Und jetzt verstehst du auch, warum *richa Meller* auf gar keinen Fall will, dass seine Tochter Kontakt zu Ernest Schmitt hat, ja?"

Sie hat mich gefragt, wer von dieser ganzen Geschichte etwas wüsste. Ich habe ihr gesagt, dass hinter einem solchen Geheimnis noch ein viel größeres stecke, nämlich das, zu wissen, wer dieses Geheimnis kennt. Denn das ist ja bekannt: Diejenigen, die am meisten betroffen sind, haben oft nicht die geringste Ahnung. Aber *richa Meller* weiß es bestimmt. Ganz sicher hat er weder seiner Frau, die vielleicht eine Vermutung hat, noch vor allem seiner Tochter etwas davon gesagt. Müller ist sehr wohl im Stande, solch eine Geschichte zu verbergen, so wie er angeblich auch mehrere Goldbarren in seinem Tresor verbirgt. Bei den Schmitts ist es schwieriger herauszufinden: Weiß Arsène es? Oder spürt er es? Ich habe keine Ahnung. Ernest ahnt vielleicht etwas. Er hat mir einmal eigenartige Fragen gestellt, die mit seinem Vater zu tun hatten. In seinen Augen war so ein Glänzen zu sehen, daraus habe ich geschlossen, dass er vielleicht doch was weiß oder zumindest ahnt.

Wir sind noch eine Weile schweigend dagesessen. Nach und nach hat sich die Sonne von allen Dächern des Dorfes zurückgezogen. Sie strahlte nur noch die Spitze des Kirchturms an, und die weißen Rauchsäulen haben für kurze Zeit eine Reihe von Rechtecken in den Himmel gemalt, bis sie sich mit den Wolken vermischt haben.

Auf dem Rückweg sind wir zufällig Arsène Schmitt begegnet, der sein Vieh von der Weide nach Hause trieb. Er hat uns von Ernest erzählt. „Er ist einer der Besten an der Universität. Er wird sich später einmal nicht hinter ein paar Kuhärschen herumärgern müssen wie der Sohn von den Müllers, der nicht einmal seinen Volkschulabschluss bestanden hat.“

Marlyse (Pseudonym von A. Sch.)

Mulhouse, Rebberg, Januar 1977

Unter den Mädels, die in den 1930er Jahren im „Alcazar“ in Straßburg arbeiteten, gab es eine ungeschriebene Regel: Du sollst die Kunden deiner Kolleginnen niemals anmachen.

Natürlich galten für diese Regel auch Ausnahmen. Ich weiß, wovon ich spreche, denn der, der seit mehr als dreißig Jahren mein Mann ist, ein mittlerweile pensionierter Zahnarzt aus Mulhouse, war der regelmäßige Kunde meiner Kollegin O., und ich gebe es ja zu: Ich habe damals das Nötige getan, damit er von O. ablässt und sich mir zuwendet. Diese „Veruntreuung“ hat übrigens den Lauf meines Lebens verändert. Hier in Mulhouse glauben alle, dass ich vor dem Krieg Hutmacherin in Nancy war. Unsere beiden Söhne – beide Zahnärzte, die die Praxis ihres Vaters übernommen haben – wissen natürlich nichts von meiner Geschichte … Doch trotz einiger Ausnahmen wurde besagte Regel im „Alcazar“ eingehalten.

Keinem der anderen Mädels, die damals dort arbeiteten, ist es beispielsweise in den Sinn gekommen, mir Ernest Schmitt wegzunehmen, der in jener Zeit einer meiner treuen Kunden war. Das wäre ihnen auch nicht leicht gefallen, denn alle wussten, dass er wegen mir kam. Vor seiner Hochzeit sah ich ihn regelmäßig. Kurz bevor er heiraten sollte, ist er eines Abends ganz aufgeregt ins „Alcazar“ gekommen. In seinem Bekanntenkreis ging das Gerücht um, dass mehrere regelmäßige Kunden des „Alcazar“ sich wohl etwas eingefangen hätten. Dieses Gerede beunruhigte ihn sehr, was für einen jungen Bräutigam gut nachvollziehbar ist. Er wollte wissen, was ich von diesem Gerücht wüsste und was ich davon hielte.

Nach seiner Hochzeit hat er sich ein paar Wochen lang nicht mehr blicken lassen, danach ist er von Zeit zu Zeit wieder gekommen. Er sagte, ihm gefalle die Atmosphäre unseres Hauses. Ich habe mich damals gefragt, ohne es je auszusprechen, ob seine Heirat glücklich gewesen war. Was die Intimität zwischen ihm und seiner Frau angeht, meine ich. Denn ich fand es schon etwas komisch, dass ein frisch verheirateter junger Mann weiterhin zu uns kam. Vor allem war seine Frau sehr hübsch. Ich habe sie einmal an seiner Seite in der Stadt gesehen. Er hat natürlich so getan, als würde er mich nicht kennen, was ja klar ist. Jedenfalls sagten alle, dass er es für den Sohn eines Kuhbauern aus dem Sundgau sehr gut getroffen hatte.

Seine Gesellschaft war sehr angenehm. Und was seltsam war: Wir redeten sehr viel. Ich rede gerne, das ist richtig, aber er war sehr geschickt darin, mir Geständnisse zu entlocken, die ich anderen Kunden nie machte. Ich fragte ihn manchmal, ob er ins „Alcazar“ käme, um mir zuzuhören oder für etwas anderes. Er antwortete lachend, dass er *auch* käme, um mir zuzuhören. Ich muss sagen, dass er auf den Akt nicht besonders scharf war, wie man so sagt. Wir hatten noch ein paar Kunden wie ihn. Die Chefin sagte, das seien Kunden wie alle anderen, solange sie zahlen. Und bei ihm hatte ich das Gefühl, dass er hauptsächlich zahlte, um Geschichten zu hören.

Oft hat er mich aufgefordert, eine Geschichte zu erzählen, die ihn besonders interessierte, eine Geschichte, die ich selbst erlebt hatte und die überall in Frankreich viel Aufsehen erregt hatte. Sie hatte sich Pfingsten 1925 in der rue des Pêcheurs abgespielt. Damals befanden sich die meisten Freudenhäuser der Stadt, wohl ein gutes Dutzend, in dieser Straße, im *Fischergaessel.* Und für alle, sowohl für die Leute aus der Stadt, als auch für die Bauern, die ab und zu herkamen, war dies die Straße der Bordelle. In einem der Häuser der Gasse habe ich als noch sehr junges Mädchen meine Karriere begonnen, lange bevor ich die Bekanntschaft von Ernest Schmitt und demjenigen machte, der später mein Mann wurde. Das war bei Madame Maria, die ein sehr diskretes Etablissement führte, mit exzellenter Kundschaft, hauptsächlich Offiziere, Notare und Anwälte.

Man wusste, dass die Stadt über Pfingsten von Tausenden junger Burschen überlaufen sein würde, die aus ganz Frankreich für ein riesiges Turnerfest zusammenkamen, das auf dem Messegelände im Stadtteil Wacken stattfinden sollte. Das war eine Riesenveranstaltung, für die der französische Präsident extra mit einem ganzen Pulk von Ministern nach Straßburg fuhr. Am Bahnhof kamen Unmengen Sonderzüge an.

Alle Mädels, die in einem der Häuser der Fischergasse arbeiteten, waren dazu angehalten, an diesem Tag zur

Verfügung zu stehen, denn es wurde eine regelrechte Invasion erwartet. Und tatsächlich hörte man an drei aufeinanderfolgenden Abenden ab sechs Uhr ein ungeheures Geschrei auf dem Fischerstaden. Es waren die Turner, die an diesen drei Abenden die Freudenhäuser des *Fischergaessel* förmlich überfielen. Auf der Straße, an den Eingängen der Häuser gab es regelrechten Tumult.

Es ist komisch, an diese Zeit zurückzudenken, die schon so lange zurückliegt. Seit diesen Jahren hat sich alles so sehr verändert! Im *Fischergaessel* gibt es keine Bordelle mehr. Sogar der Name der Straße ist jetzt ein anderer. Denn einige Jahre nach der Schließung der Häuser haben die Anwohner den Antrag gestellt, dass die Straße umbenannt werden solle. Sie wollten nicht in einer Straße wohnen, über deren Namen alle Welt schmunzelte. Also hat man sie umgetauft und ihr den Namen eines Unbekannten gegeben, der schon lange tot war und den niemand jemals gekannt hatte: Prechter. Doch für viele Leute ist die rue Prechter noch lange Zeit das *Fischergaessel* geblieben.

Ich hatte zufällig das Programm dieses Turnerfestes von 1925 aufbewahrt und habe es eines Tages Ernest gezeigt. Die Einleitung, die von einer „Schule des virilen Patriotismus und der freiwilligen Disziplin" sprach, hat ihm besonders gut gefallen. Für die Organisatoren gab es keinen Platz für das „Laster" in der Mentalität des Sportlers, und das belustigte ihn sehr: „Eine gesunde körperliche Erschöpfung ist eine wahre Ablenkung von sexuellen Gelüsten, insbesondere für den jugendlichen Sportler …". Ich erinnere mich, wie er sich an das Zimmerfenster gestellt hatte, ich sehe ihn noch vor mir, wie er da im Gegenlicht stand und mir ein Gedicht deklamierte, das er in dem Faltblatt gefunden hatte:

„Turner, wir wissen, ihr seid eine Kraft,
Seid lebendes Kapital, das ihr mit euren Muskeln schafft,
Durch tapfere Arbeit, die nie erschlafft,
Mit der ihr der Heimat Boden fruchtbar macht.
Straßburg, die französische Stadt, wird euch begrüßen
Und mit euch Frankreichs Kraft und Stärke genießen."

Vor einigen Wochen war ich in Straßburg. Ich bin an den Ufern der Ill entlangspaziert und konnte dem Bedürfnis nicht widerstehen, einen Abstecher ins *Fischergaessel* zu machen: Es kam mir ganz schön verlassen vor.

Als ich so an Ernest Schmitt dachte, fiel mir wieder ein, dass einige Kolleginnen aus dem „Alcazar“ behaupteten, er besuche auch Häuser, die den Männern vorbehalten sind. Ich kann nur sagen, dass mich das nicht wirklich wundern würde, wenn ich an sein Verhalten mir gegenüber denke.

Ich habe versucht, seine Spur wiederzufinden, aber niemand konnte mir Informationen über ihn geben. Das hat mich erstaunt, denn mein ehemaliger Kunde war deutlich jünger als ich. Schade, es hätte mir Freude bereitet, ihn zu besuchen und ihm ganz einfach zu sagen: „Hallo, ich bin Marlyse. Ja, du erkennst mich nicht wieder, ich bin mittlerweile eine alte Frau. Aber vielleicht erinnerst du dich an die Zeit, als Straßburg ‚Frankreichs Kraft und Stärke genießen' wollte?“

Schnurtzi

Straßburg, September 1933, nach den Gerichtsferien

Die meisten Leute glauben, dass die Gegenstände, die sie umgeben, keinerlei Gedächtnis haben, da sie ja anscheinend jeglichen Lebens entbehren. Das führt dazu, dass der gewöhnliche Sterbliche völlig zu Unrecht glaubt, dass ein altes Familienmöbel ausschließlich zum Aufbewahren von Geschirr oder Kleidern da ist, und eine antike Comtoise-Uhr, die man sich seit Generationen weitervererbt, lediglich dazu dient, die Zeit in gleichmäßige Abschnitte von sechzig Einheiten zu unterteilen.

Die Leute irren sich. Das würden sie sofort merken, wenn sie von Zeit zu Zeit auch mal die Dinge, die ihr Leben bevölkern, zu Wort kommen lassen würden. Doch die Leute gehen an den Dingen vorbei, ohne sie überhaupt anzusehen. Da muss man sich nicht wundern! Man kann den Dingen ja nicht vorwerfen, stumm zu bleiben, wenn sich doch niemand ihnen zuwendet und ihnen das Wort erteilt!

Und ich bin so frei, es zu ergreifen, auch ohne darum gebeten zu werden. Es stimmt schon, dass ich ein besonderer Gegenstand bin, denn bevor ich Gegenstand war, war ich ein lebendiges Wesen, was für einen Gegenstand eher selten ist. Ich war ein Tier. Ein wildes Tier sogar. Und ich denke, es ist meine Vergangenheit als wildes Tier, in all den Jahren, die ich damit verbracht habe, bei jedem Wetter durch den Wald zu rennen, die in mir das Bedürfnis der freien Rede ausgelöst hat, diese Lust zu sprechen, ohne dass mich jemand dazu auffordert.

Mein Besitzer hat mir, wegen meiner Vergangenheit als lebendiges Tier, einen Namen gegeben. Wenn er von mir spricht, nennt er mich immer bei diesem Namen und niemals mit dem Wort, das die Art von Ding bezeichnet, die ich bin. Dafür bin ich ihm dankbar, denn selbst wenn ich auf gewisse Weise sein Sklave bin, so bin ich doch immerhin einer, dem man Respekt entgegenbringt. Ich bin nicht anonym, sondern habe einen Namen, wie jedermann. In dem Raum, in dem ich aufgehängt bin, höre ich viele Menschen sich ausführlich mit meinem Herrn unterhalten, der Anwalt ist. Ich bin froh, hier zu sein, denn so höre ich Geschichten, die oft erstaunlich sind. Amüsant finde ich, dass unter den Leuten, die hierherkommen, viele Sklaven ihrer Gegenstände sind – ohne es zu wissen. Da gibt es zum Beispiel eine Klientin der Kanzlei, die Sklavin eines Schranks ist. Ihren Namen kann ich hier nicht nennen, denn ich bin, genau wie mein Herr, dem Berufsgeheimnis verpflichtet. Jedenfalls hört diese Frau nicht auf, ihn mit einer Erbschaftsgeschichte zu belästigen, denn sie möchte unbedingt einen alten Eichenschrank ihrer Eltern haben, der von ihrer Schwester aufbewahrt wird … Das nenne ich, Sklave eines Gegenstands sein. Bei mir gilt allerdings das genaue Gegenteil, ich bin als Gegenstand Sklave meines Herrn. Aber ich bin mir meiner Versklavung durchaus bewusst und finde sogar, dass mein Schicksal im Vergleich zu dem der meisten meiner Artgenossen sehr beneidenswert ist.

Mein Name ist Schnurtzi und mein Herr ist Anwalt und heißt Gaston Schmidt. Er ist einer der berühmtesten Anwälte in Straßburg. Er hat mir diesen Namen gegeben, weil ich einst, bevor ich als ausgestopfter Wildschweinkopf über seinem Schreibtisch an die Wand gehängt wurde, ein echtes Wildschwein mit Haut und Haaren war, das ihm auf seiner Jagd in Lichtenthal in den nördlichen Vogesen über den Weg gelaufen ist. Er war es, der mich an Allerheiligen 1930 getötet hat. Ich wog 160 Kilo. Angeblich hatten die Männer Mühe, mich bis an den Wegrand zu schleppen. Rechtsanwalt Schmidt hat mich ausstopfen lassen, weil er während seiner langen Karriere als Jäger, wie er oft seinen Klienten erzählt, noch nie ein Wildschwein wie mich getötet hat. Und so bin ich ruckzuck, nach einem Aufenthalt beim Präparator, von den Schlammsuhlen und Pfützen der riesigen Wälder von Lichtenthal, in denen ich mich so gerne wälzte, in die arbeitsame Atmosphäre des sehr protestantischen Anwalts Gaston Schmidt gelangt.

Es ist komisch für ein Wildschwein, so zu enden, den Kopf über demjenigen aufgehängt, der es zu Tode gebracht hat. Oft habe ich mir gedacht, wenn der Nagel, an dem ich aufgehängt bin, sich lösen würde, würde ich meinem Mörder auf den Kopf fallen, was eine schöne Rache wäre. Auch wenn ich nur noch ein Kopf bin, so bleibt mein Gewicht doch beträchtlich, vor allem mit all dem Beiwerk, das der Präparator mir eingesetzt hat. Aber es besteht keine Gefahr. Herr Schmidt gehört zu der Sorte Mensch, die nichts dem Zufall überlässt. Die Schwierigkeiten meiner Aufhängung wurden mit der gleichen Ernsthaftigkeit behandelt wie ein Fall von Vorkaufsrecht im Immobiliensektor nach Bürgerlichem Gesetzbuch, bei dem eine Zwangshypothek nach lokalem, elsässischem Recht noch erschwerend hinzukäme. Sie können sicher sein, dass ich dank Rechtsanwalt Schmidt beim besten Präparator des Departements ausgestopft wurde und dass der Nagel, an dem ich hänge, auf sehr professionelle Weise in die Wand geschlagen wurde. Ich bin aber, ehrlich gesagt, sehr froh, in einer Anwaltskanzlei zu hängen, wegen der spannenden Geschichten, die da erzählt werden. In einer Zahnarztpraxis zu hängen wäre weniger komisch, da bin ich mir sicher. Und außerdem finde ich – das mag vielleicht erstaunlich klingen – dass mein Mörder ein anständiger Typ ist. Ich empfinde großen Respekt für ihn. Er hat immerhin eine beträchtliche Summe ausgegeben, um mich ausstopfen zu lassen, und das darf ich nicht vergessen.

Der Rhythmus meines neuen Lebens wird durch den der Kanzlei bestimmt. Wenn er im Gericht oder in Lichtenthal ist, um meine Nachfahren zu jagen, bin ich allein und durch den Raum klingt nur das Klappern der Schreibmaschinen, das mal in lauten, mal in leisen Wellen zu mir herüberdringt, je nachdem, ob die Zwischentür zum Sekretariat offen oder geschlossen ist. Wenn Madame Hübsch, die alte Chefsekretärin der Kanzlei, die schon die Sekretärin vom Vater meines Herrn war,

Anweisungen gibt, hören manchmal alle Schreibmaschinen gleichzeitig auf zu klappern. Danach beginnt die Musik von Neuem und noch intensiver, als müsste die verlorene Zeit wieder aufgeholt werden. Ich denke, dass jeder, der in die Kanzlei meines Herrn, Rechtsanwalt Gaston Schmidt, kommt, augenblicklich von dieser Atmosphäre eines fleißigen Bienenvolks ergriffen wird und sofort begreift, dass er sich hier in einer der erfolgreichsten Kanzleien der Stadt befindet.

Heute hat Herr Schmidt einen jungen Mann empfangen, der gerade sein Jurastudium abgeschlossen hat und der bei uns in der Kanzlei mit einem Praktikum beginnen möchte. Er hat sofort einen sehr guten Eindruck auf mich gemacht, denn kaum hatte er sich in den Sessel gegenüber dem meines Herrn gesetzt, hat er zu mir aufgeschaut, als wolle er mich grüßen. Mein Herr hat das bemerkt, hat sich umgedreht und seinen kahlen Schädel in meine Richtung erhoben.

Darf ich vorstellen, Schnurtzi, sagte er und gab einmal mehr damit an, wie er mich vor drei Jahren auf seinem Jagdgelände in den nördlichen Vogesen erlegt hat, ohne auch nur ein einziges Detail zu vergessen, was mein Gewicht bei der Erschießung und die Schwierigkeiten anging, die mein Mörder und seine Komplizen hatten, um meine Leiche an den Wegrand zu zerren. Ganz ehrlich, ich schätze es nicht besonders, wenn mein Herr sich so über Ereignisse auslässt, an die ich keinerlei Erinnerung habe, von denen ich mir aber gut vorstellen kann, dass sie für das Tier, das ich damals war, sehr schmerzhaft gewesen sein müssen ... Dann hat Rechtsanwalt Schmidt den jungen Mann gefragt, ob er sich für die Jagd interessiere. Seine Antwort hat den guten Eindruck bestätigt, den ich auf den ersten Blick von ihm hatte: „Nein, überhaupt nicht!"

Mein Herr hat mich erneut betrachtet, zufrieden mit sich und der Welt. Ich glaube, dass Künstler ihr Werk so anschauen, nachdem sie ihm den letzten Schliff gegeben haben. Der junge Mann fühlte sich gezwungen, noch etwas zu sagen, um meinem Herrn zu gefallen: „Wirklich ein schönes Tier ...". Aber Rechtsanwalt Schmidt war mit den Gedanken schon woanders. Ich kenne ihn. Ich weiß, dass er mich häufig als Einleitung benutzt, wenn er jemanden zum ersten Mal empfängt; dann vergisst er mich und geht mit seinen Gesprächspartnern ohne Überleitung zum eigentlichen Thema über. Von hier aus gesehen, sitzen diese zu seinen Füßen, denn sie haben in einem niedrigen kleinen Sessel Platz genommen und Rechtsanwalt Schmidt schaut von seinem wuchtigen Empire-Sessel auf sie herab.

„Ich habe viel Arbeit, nicht wahr", sagte er zu dem jungen Mann. „Ich komme nicht mehr hinterher. Ich brauche unbedingt einen jungen Mitarbeiter, der sein ganzes Studium auf Französisch absolviert hat, nach 1918, nicht wahr. Denn zugegebenermaßen fühle ich mich noch immer nicht ganz sicher, wenn ich in der neuen Sprache einen Klienten verteidigen muss."

„Sie sprechen die Sprache sehr gut", hat sein Gegenüber geantwortet und dabei vielleicht ein bisschen übertrieben. Aber ich gebe zu, dass ich als ausgestopfte Jagdtrophäe in linguistischen Fragen nicht gut genug bin, um mich mit Gewissheit zu diesem Thema zu äußern.

„Es ist nämlich so, nicht wahr“, antwortete mein Herr, „mein Vater, der bis 1870 seine Prozesse auf Französisch führte und der nach der Annektierung auf Deutsch umsteigen musste, hatte immer darauf geachtet, dass wir den Kontakt zur französischen Sprache nicht verlieren. Aber das reicht nicht aus, nicht wahr, um einer Sprache dergestalt mächtig zu sein, wie es ein guter Verteidiger sein muss, vor allem vor Richtern aus Innerfrankreich, nicht wahr. Und jetzt müssen wir die Prozesse wieder auf Französisch führen, was für all die Kollegen meiner Generation nicht einfach ist, nicht wahr. Aber die Klienten sprechen Dialekt und Sie sprechen ihn ebenfalls, das ist sehr wichtig. Denn Sie werden das schnell verstehen, nicht wahr: Die, von denen wir leben, sind nicht die Richter, sondern die Klienten. Und die Klienten sprechen meistens nur Elsässisch.“

„Aber ich spreche den Dialekt vom Sundgau“, entschuldigte sich der junge Besucher.

„Ich weiß. Man errät übrigens, dass Sie aus dem Süden kommen, nicht wahr, sogar wenn Sie Französisch sprechen. Sie rollen das „r“ auf sehr spezielle, aber charmante Art, nicht wahr.“

Sie haben sicher bemerkt, dass mein Herr ständig „nicht wahr“ sagt. Ich weiß nicht, wo er diesen Tick herhat. Am Anfang hat mich das schrecklich genervt, aber schließlich habe ich mich daran gewöhnt. Ich frage mich, ob er auch die Richter mit seinem „nicht wahr“ volllabert, wenn er verteidigt. Aber das werde ich nie erfahren, denn natürlich nimmt er seinen geliebten Schnurtzi nicht mit, wenn er zum Gericht geht!

„Hauptsache, Sie sprechen Dialekt, auch wenn er anders klingt als unserer. Wir sind ja hier mit der Zeit daran gewöhnt, alle naslang die Sprache zu wechseln, was also Ihren Dialekt angeht, nicht wahr," fügte er lachend hinzu, „das ist wirklich kein Problem!"

Da hat er mich ganz ehrlich verblüfft. Er war sogar imstande, „nicht wahr" zu sagen und dabei zu lachen, was sicher nicht ganz einfach ist. Aber ihm kommt das „nicht wahr" derart natürlich über die Lippen, dass er damit überhaupt kein Problem hat. Dann setzte er eine ernste Miene auf.

„Nein, was mir, um ehrlich zu sein, Kopfzerbrechen bereitet", fuhr er fort, „und das ist viel problematischer, nicht wahr, ist, dass Sie ein Schmitt mit zwei ‚t' sind ..."

„Ja, natürlich. Die Schmitts aus dem Sundgau, meine Schmitts also, sind Katholiken, wie fast alle in meiner Gegend. Und wie alle katholischen Schmitts schreiben sie sich logischerweise mit zwei ‚t'!"

„Das habe ich sehr wohl verstanden, und mein Name schreibt sich mit ‚dt', so wie das bei meinen Schmidts immer ist, die Protestanten sind, wie Sie sicher erraten haben, nicht wahr. In meinem Stammbaum lassen sich bis lange vor der Revolution die Spuren von Pastoren zurückverfolgen! Und das zählt, wissen Sie. Sie werden wenige jüdische oder katholische Klienten hier in meine Kanzlei eintreten sehen. So ist das eben. Ich habe nichts gegen Juden oder Katholiken. Und was die Protestanten angeht, ist es übrigens dasselbe. Sie werden immer einen protestantischen Anwalt aufsuchen, nicht wahr, so wie die Juden einen jüdischen Kollegen aufsuchen werden und die Ihren einen katholischen Kollegen. Sie werden bald merken, nicht wahr, dass der

Klient seinen Anwalt häufig als seinen Beichtvater ansieht. Ich weiß, dass Sie, die Katholiken, große Spezialisten der Beichte sind, aber ich glaube nicht, sehen Sie, dass viele meiner protestantischen Klienten sich wohl damit fühlen würden, ihr Herz bei einem Schmitt mit zwei „t" auszuschütten, nicht wahr."

Ich habe sehr wohl gesehen, dass der junge Anwalt in diesem Moment ein komisches Schmollgesicht machte, er schob seine Lippen vor und schüttelte ganz leicht den Kopf. Es war offensichtlich, dass die Worte meines Herrn für ihn ein Problem darstellten. Doch Rechtsanwalt Schmidt ist nicht jemand, der leicht locker lässt.

„Haben Sie *Oberst Chabert* von Balzac gelesen, Herr Schmitt? Unser Kollege, der Rechtsanwalt Derville, ein fiktionaler Kollege natürlich, aber das spielt keine Rolle, nicht wahr, in Romanen gibt es oft mehr ... wie soll ich das am besten sagen, nicht wahr ... aber wo war ich? Ah ja, dieser Rechtsanwalt Derville sagt an einer Stelle einen Satz, der mir in Erinnerung geblieben ist: ‚*Unsere Kanzleien sind Brutstätten des seelischen Unrats, die nichts zu reinigen vermag.*' Schön gesagt, nicht wahr? Sie werden im Laufe Ihrer Karriere oft daran denken. Jedenfalls teilen bei uns hier die Katholiken, die Protestanten und die Juden, auch wenn sie vieles teilen, nicht ihren seelischen Unrat. Sehen Sie, um ehrlich zu sein, nicht wahr, aus diesem Grund stören mich die zwei „t" in Ihrem Namen."

„Ich kann aber doch nicht das erste meiner zwei ‚t' in ein ‚d' verwandeln ..."

„Nein ... natürlich nicht ... aber vielleicht könnten

wir ... nun ja, ich weiß nicht ... Vielleicht könnten wir sagen, nicht wahr, dass sich die Protestanten aus dem Sundgau, die Schmitt heißen, eben mit zwei ‚t' schreiben ..."

„Aber es gibt im Sundgau so gut wie keine Protestanten, Herr Schmidt, das weiß jeder ... Und ich gebe zu, dass ich doch einigermaßen Schwierigkeiten damit hätte, vorzugeben jemand zu sein, der ich in Wirklichkeit nicht bin ..."

„Das ehrt Sie, Herr Schmitt, das ehrt Sie, nicht wahr. Ich habe übrigens über Sie hervorragende Erkundigungen eingeholt, ich weiß, dass Sie ein brillanter junger Jurist sind und ich brauche sehr schnell jemanden. Sehr schnell, nicht wahr ..."

In dem Moment ging die Polstertür des Büros einen Spaltbreit auf und Madame Hübsch schob ihr altes, zahnloses Gesicht herein.

„Herr Gaston, Ihr 17.00-Uhr-Klient wird ungeduldig. Er sagt, dass sein letzter Zug in weniger als einer Stunde fährt."

„Kommen Sie doch herein, Madame Hübsch, darf ich vorstellen, Rechtsanwalt Ernest Schmitt, unser neuer Praktikant. Er ist ein Schmitt mit zwei ‚t'."

„Ach, hat er kein ‚d'?"

„Eben nicht. Er hat viele Qualitäten, aber kein ‚d' nach dem ‚i'."

„Aha ...", sagte sie wenig überzeugt.

„Rechtsanwalt Schmitt, wissen Sie, dass Madame Hübsch bereits seit mehr als fünfzig Jahren in der Kanzlei arbeitet?"

„Nächsten Monat fünfundfünfzig", verbesserte sie ihn.

„Schon fünfundfünfzig? Auf jeden Fall arbeitete sie schon mit meinem Vater in der Kanzlei, als ich geboren wurde, und ich bin zweiundfünfzig, da sehen Sie mal."

„Oh ja, Praktikanten habe ich kommen und gehen sehen, wissen Sie", sagte sie zu Rechtsanwalt Schmitt und sah ihn schelmisch an. Und manche wissen nichts, wenn sie kommen. Aber auch gar nichts. So, dass man sich fragt, was sie an der Universität gelernt haben!"

Thérèse Knieperlé

Blaeswihr, 1936

Mein Vater war Klient des Vaters von Rechtsanwalt Schmidt, weil der Großvater von Rechtsanwalt Schmidt lange Jahre Pastor bei uns in Blaeswihr gewesen war. Deshalb haben wir ihn gekannt. Und schon damals haben wir wegen unserer Nachbarn, den Spucks, einen Anwalt gebraucht. Und das geht immer so weiter. Wegen der Nachkommen der Spucks brauchen wir auch heute noch einen Anwalt. So sind sie halt, die Spucks. Das sind grobschlächtige, verlogene Leute, unfähig, mit ihren Nachbarn normal umzugehen. Und wir sind nicht gerade Leute, die sich einfach alles gefallen lassen. Also setzen sich die Prozesse von einer Generation zur nächsten fort. Man braucht nur im Archiv von Rechtsanwalt Schmidt nachzusehen, da gibt es einen ganzen Aktenschrank mit der Aufschrift Knieperlé/Spuck. Dabei sind in diesem Aktenschrank nicht einmal alle Fälle aufbewahrt, um die es in all den Jahren bei den Prozessen ging, sondern nur die laufenden Angelegenheiten. Wir haben schon eine Menge Geld bei Rechtsanwalt Schmidt gelassen, aber naja, was wollen Sie machen, wenn Sie das Pech haben, Nachbarn mit Namen Spuck zu haben, da muss man sich eben verteidigen, das ist halt so!

Eine Sache hat der alte Schmidt umsonst für uns gemacht. Das war 1919, als wir beantragt haben, einen *accent aigü* auf das letzte ‚e' von Knieperlé zu setzen. Dazu brauchte es ein spezielles Verfahren und wir haben diesen *accent* problemlos erhalten.

Er hatte uns gesagt: *„Fer denne accent aigü verlàng ich eich jezt nix ...“* Allerdings macht uns dieser *accent* das Leben nicht leichter, denn jedes Mal, wenn wir irgendwo unseren Namen angeben, müssen wir dazusagen: *„Knieperlé met accent“*, sonst würde ihn keiner setzen. Aber da das Gericht ihn uns nun mal gegeben hat, wollen wir ihn auch benutzen, wozu hätten wir sonst das Verfahren angestrengt?

Manche Prozesse gegen Spuck hatten vor 1914 begonnen, als das Elsass deutsch war, und wurden nach 1918 nach französischem Recht weitergeführt. Aber niemals haben wir aufgehört, unsere Rechte und unsere Ehre zu verteidigen. Wegen der neuen Gesetze musste Rechtsanwalt Schmidt oft lange überlegen, um die geeigneten Lösungen zu finden. Aber gegen einen Spuck darf man nie locker lassen, denn sonst nutzt er das sofort aus. Wir kennen sie, die Spucks, nach all den Jahren!

Neulich war ich in der Kanzlei und da hat mir unser Anwalt einen anderen Rechtsanwalt Schmidt vorgestellt, einen Mitarbeiter, wie er sich ausdrückte. „Aha, schon die dritte Generation?“ „Nein, überhaupt nicht, ein Mitarbeiter, aber ich brauche Unterstützung, ich habe zu viel zu tun.“

Ich war gekommen, weil zwischen unserer Obstbaumwiese und der der Spucks eine Reihe Birnbäume steht, Spalierbäume, etwa zwanzig Meter lang. Ich weiß, was das deutsche Recht in diesem Fall vorsieht, aber nicht, wie es mit dem französischen aussieht. „Das trifft sich gut", sagte Herr Schmidt, „mein Mitarbeiter hat nach 1918 studiert, er kennt sich mit dem *Code civil,* dem französischen Bürgerlichen Gesetzbuch, hervorragend aus."

Dieser junge Mann hat einen guten Eindruck auf mich gemacht, ehrlich.

Gute Nachricht, Madame Knieperlé, hat er gesagt, das französische Gesetz hat für diesen Fall Folgendes vorgesehen: *„Solange alle an die Hecke angrenzenden Anlieger Miteigentümer sind, gehören die Erzeugnisse diesen anteilsweise."* Und dann hat er mir zweimal auf Französisch sehr langsam den Rest des Artikels vorgelesen: *„Die Früchte werden auf Kosten aller Parteien geerntet und geteilt, sei es, dass sie auf natürliche Weise herunterfallen, sei es, dass das Herunterfallen herbeigeführt wurde, oder sei es, dass sie gepflückt wurden."* Und dann hat er mir das sogar ungefähr in seinen komischen, halb schweizerischen Dialekt übersetzt.

„Alles klar, Herr Rechtsanwalt, das habe ich verstanden. Aber Spuck lässt Birnen absichtlich runterfallen, um Früchte zu ernten mit genau der richtigen Reife, und davon hat er mir niemals die Hälfte gegeben! Ist er also im Unrecht? So ist es doch, oder? Und ich bin mir sicher, dass er mehr als die Hälfte nimmt: Letztes Jahr habe ich absichtlich ein paar Birnen am Boden liegen lassen, und am nächsten Tag waren sie nicht mehr da. Was kann man denn da machen?"

„Das ist eine Frage von Beweisen."

Beweise, immer Beweise … Ich finde, dass sie bei den ganzen Akten, die das Gericht von Spuck hat, keine Beweise mehr von uns verlangen sollten! Aber diese Leier der Anwälte über die Beweise, die kenne ich auswendig, ich habe sie schon zu oft gehört!

Beim Gehen hab' ich mich noch ein bisschen mit Frau Hübsch unterhalten. Ich habe ihr gesagt, dass der neue Anwalt einen guten Eindruck auf mich gemacht hat. Da hat sie sich umgeschaut, um zu prüfen, dass uns niemand zuhört, und hat mir ins Ohr geflüstert:

„Wissen Sie, dass er sich mit zwei ‚t' schreibt?"

„Ist nicht möglich!", habe ich gesagt.

„Doch, Sie können mir glauben, er hat kein ‚d' in seinem Namen! Aber trotzdem … ich muss zugeben, dass er sehr gut ist …"

Alice Schmidt

Lichtenthal, Anfang Mai 1934

Ernest! Mein Vater kennt kein anderes Thema mehr: Seit Ernest bei ihm arbeitet, läuft die Kanzlei viel besser, Ernest hat einen extrem guten Draht zu den Richtern, die langjährigen Klienten der Kanzlei wie die Knieperlés sind begeistert von ihm, und selbst Madame Hübsch lobt ihn über den grünen Klee ...

Ich kannte ihn kaum, diesen Ernest, als meine Eltern ihn in unser Landhaus in Lichtenthal eingeladen haben. „Hattest du mir nicht gesagt, dass ihn die Jagd nicht interessiert?“, habe ich meinen Vater gefragt. „Stell dir vor, dieser Junge kommt aus dem Sundgau und für ihn hört das Elsass Richtung Norden bei Straßburg auf. Also habe ich ihm vorgeschlagen, ihm mal die nördlichen Vogesen zu zeigen.“

Mein Vater wollte auch, dass der Mann, der innerhalb kürzester Zeit eine Art Adoptivsohn für ihn geworden war, seine einzige Erbin kennenlernte. Ich bin ja nicht blöd, das habe ich sofort verstanden. Den Rest können Sie sich denken, dann kann ich es mir sparen, lang und breit von meinen ersten Unternehmungen mit Ernest zu erzählen: Wir sind in die Oper, ins Kino und zum Pilzesammeln gegangen.

Nächsten Monat heiraten wir. Die Entscheidung ist

ganz von allein gefallen. Angeblich fallen gute Entscheidungen immer ganz von allein. Was bedeuten würde, dass nicht die Leute entscheiden, was sie aus ihrem Leben machen wollen, sondern dass es irgendwo eine Art höhere Instanz gibt, die für sie entscheidet. Vielleicht ist es das, was einige als das „Schicksal" bezeichnen, ich weiß es nicht. Oder aber es ist tatsächlich Gott, der für uns entscheidet. Laut meiner Mutter gibt es sogar Entscheidungen, bei denen man überhaupt keine Wahl hat, die so offensichtlich sind, dass sie sich uns einfach aufdrängen.

Es war letzten Sonntag, als sich die Entscheidung zu heiraten uns aufgedrängt hat. Wir hatten mit Ernest einen Spaziergang im Schnee rund um Lichtenthal gemacht. Auf den Couchtisch im Wohnzimmer hatte meine Mutter einen Apfelstrudel hingestellt, das ist ihre Spezialität. Ich erinnere mich noch an den Kaffeeduft, der im Raum lag. Dann kam mein Vater, ließ sich in einen Sessel fallen und fragte im Tonfall von jemandem, der sich für die Außentemperatur interessiert:

„Na ihr Turteltäubchen, vielleicht sollten wir langsam mal ernsthaft über eure Zukunft reden?"

Ich habe Ernest angesehen. Er hat gelächelt und seine Hand auf meine gelegt. Dann habe ich mich meiner Mutter zugewandt, die hatte ganz feuchte Augen. Das Hochzeitsdatum war ausgemacht, noch bevor wir unsere erste Scheibe Apfelstrudel aufgegessen hatten. Im nächsten Monat also, am 21. Juni, werde ich das „d" aus meinem Mädchennamen gegen das „t" meines zukünftigen Namens tauschen. Ernest wird dann vierundzwanzig sein. Ich zwanzig. Meine Mutter pflegt zu sagen, dass es für alles ein passendes Alter gibt. Angeblich haben wir genau das richtige, um zu heiraten.

Der Gedanke an unsere Hochzeitsnacht macht mir natürlich Angst, so geht es, denke ich, allen Mädchen in meinem Alter. Aber da müssen wir durch, so ist das Leben. Meine Mutter hat nie mit mir über solche Dinge gesprochen. Vielleicht tut sie es ja noch vor dem 21. Juni? Ernest ist so lieb. Ich bin sicher, dass er genau das Richtige sagen und tun wird, damit alles gut verläuft.

Aber im Moment hat er noch andere Probleme, was unsere Hochzeit angeht. Er hat keine Ahnung, wie die Katholische Kirche Wind davon bekommen hat, dass er eine Protestantin heiraten will. Jedenfalls hat er kurz nach unserer Verlobung einen sehr persönlichen Brief eines katholischen Prälaten erhalten, der vorgeschlagen hat, ihn in der Kanzlei zu besuchen, um mit ihm über die Konsequenzen einer Heirat mit einer Nicht-Katholikin zu reden, „falls Sie denn", so hieß es weiter, „gewillt sind, dieses Vorhaben, von dem wir gehört haben, weiterhin zu verfolgen ...". Ernest hat mit diesem Priester schnell einen Termin ausgemacht, unter der Bedingung, dass das Treffen in einem Pfarrhaus stattfindet. Die Anwesenheit eines Mannes in Sutane in der sehr lutherischen Kanzlei von Papa war für ihn unvorstellbar.

Als er von diesem Treffen zurückkam, war er ziemlich aufgeregt. Er glaubte, sich von dieser Art unterwürfigem Instinkt befreit zu haben, der ihn überkam, sobald er einem Mann der Kirche begegnete, so sagte er mir. Und jetzt hatte er sich in Anwesenheit dieses Priesters sozusagen reflexartig wieder in die alte Rolle gedrängt gefühlt, die Rolle, die er im Bischöflichen Knabenseminar übernommen hatte, die Rolle, in die sich seine Vorfahren seit Generationen zwängten und aus der er sich ein für alle Mal befreit zu haben glaubte.

Der Priester hatte sofort angeboten, ihm die Beichte abzunehmen. Mein Verlobter lehnte das Angebot ab. Er war nicht gekommen, um zu beichten, er war gekommen, um ein Gespräch zu führen, als Antwort auf den Brief, den Hochwürden ihm geschrieben hatte. Doch Hochwürden ließ nicht locker: Ein Katholik spricht nur dann mit einem Priester, wenn er diesem seine Seele anvertraut. „Und ich nehme an, dass Sie seit Ewigkeiten nicht mehr gebeichtet haben", sagte er. „Sehen Sie, lieber Herr Schmitt, ich finde, dass Ihre Abkehr von unserer heiligen Kirche auch ein Zeichen großer Undankbarkeit ihr gegenüber ist. Denn was wären Sie heute ohne das Zutun des lieben Pfarrers Seelig aus Kleinsdorf, der, das sei nebenbei bemerkt, völlig erschüttert ist beim Gedanken an Ihr Vorhaben, eine Lutheranerin zu heiraten. Sagen Sie mir ganz ehrlich: Was wäre aus Ihnen geworden, wenn er sich vor etwa fünfzehn Jahren nicht für Ihre Aufnahme am Knabenseminar stark gemacht hätte? Dann wären Sie jetzt sicher nicht damit beschäftigt, Prozesse für die gehobene protestantische Gesellschaft zu führen, das können Sie mir glauben. Dann würden Sie sich heute auf den armseligen Äckern Ihrer Eltern abplagen. Das wissen Sie doch ganz genau!"

Ernest bekannte sich schuldig. Er konnte nicht leugnen, dass er seinen sozialen Aufstieg der Kirche verdankte. Aber er fügte auch gleich hinzu, dass er niemals den Ruf Christi gehört hatte, was seiner Meinung nach eher die Schuld Christi war, als seine eigene. Warum hatte Jesus Christus nicht lauter gerufen?

Der Priester war angeblich nicht sehr erfreut über Ernests Antwort. Er hat ihn gefragt, ob sein Entschluss, mich zu heiraten, endgültig sei, und er hat sehr deutlich betont, dass er ihn auch in letzter Minute noch widerrufen könne; er habe übrigens gerade von dem Fall eines Katholiken gehört, der am Vortag seiner Hochzeit seine Verlobung aufgelöst habe, um im Schoß der Kirche zu bleiben.

Eines hat Ernest nicht ertragen, und ich gestehe, dass mich seine energische Reaktion in dieser Sache sehr berührt hat, da sie doch von demjenigen kommt, der in wenigen Wochen mein Mann sein wird. Einmal hat nämlich der Priester den Begriff „Ketzerin" benutzt, und dabei sprach er von mir. In genau diesem Moment ist Ernest, ohne es zu zeigen, aus seiner unterwürfigen Rolle geschlüpft, so hat er mir erzählt. Der Priester, der nichts bemerkt hatte, hat seinen Sermon fortgesetzt: „… wenn Sie auch weiterhin darauf bestehen, diese ketzerische Frau zu heiraten, dann müssen Sie bei der Kirche eine Ausnahmegenehmigung beantragen und von Ihrer zukünftigen Gattin eine schriftliche Erklärung fordern, dass Ihre Kinder im katholischen Glauben erzogen werden; außerdem müssen Sie sich dafür einsetzen, dass Ihre zukünftige Frau zum Katholizismus konvertiert." Daraufhin hat mein Verlobter ganz gelassen gesagt:

„Das alles in der Annahme, dass wir vor einem katholischen Priester heiraten …"

In dem Moment ist der Priester offenbar kreidebleich geworden. Diesen Fall hatte er nicht vorgesehen. Dass ein Bauernsohn aus dem Sundgau, ein ehemaliger Schüler des Bischöflichen Knabenseminars, der der Kirche alles verdankte, eine Lutheranerin heiratete, war an sich schon schockierend. Dass er sie aber in einer protestantischen Kirche heiraten wollte, in Gegenwart eines Pastors, das übertraf nun wirklich seine Vorstellungskraft!

„Aber mein lieber Herr Schmitt, das wäre doch ganz furchtbar, wenn Sie sich von einem Pastor trauen ließen! Sie wissen doch sicher, dass die Kirche in diesem Fall davon ausgeht, dass Sie in wilder Ehe leben, das heißt in ständiger Sünde! Ihre Kinder würden dann als unehelich angesehen und Sie würden sowohl von der Kirche als auch von den heiligen Sakramenten ausgeschlossen! Und natürlich hätten Sie, genau wie die Selbstmörder, kein Recht mehr auf eine religiöse Bestattung!"

Ernest wusste dies alles mehr oder weniger, auch wenn er sich bis dahin nicht weiter darum gekümmert hatte. Er dankte dem Priester für all diese Informationen und verabschiedete sich. Er hätte ihm auch für seine Hilfe danken können. Denn er beschloss augenblicklich, dass die Ehe vor einem protestantischen Pastor geschlossen würde. Ich habe Ernest gefragt, ob er sich das denn gut überlegt habe, denn ich möchte nicht, dass er mir eines Tages vorwirft, ich hätte ihn dazu gebracht, seinen Glauben zu verraten. Er meinte, dass er nichts und niemanden verrate, dass er mit sich im Reinen sei, und das sei das Wichtigste für ihn.

Als ich meinem Vater von dieser Geschichte erzählt habe, hat er sich daran erinnert, dass er Urenkel, Enkel und Cousin von Pastoren ist. „Die Protestanten, nicht wahr, sehen keine Strafe in einer solchen Situation vor," so hat er mir erzählt, „auch dann nicht, wenn die Kinder aus der Mischehe im katholischen Glauben erzogen werden. Vielleicht ist das ein Fehler, nicht wahr. Vielleicht sollten sie strenger sein, so wie es mein Großvater, der Pastor von Blaeswihr, schon im letzten Jahrhundert befürwortete. Denn, wer weiß, vielleicht werden wir irgendwann teuer dafür bezahlen, dass wir so liberal sind. Niemand weiß, was uns die Zukunft in demografischer Hinsicht bringt. Die Katholiken vermehren sich ja viel stärker als wir, nicht wahr? Na jedenfalls ist Ernest alt genug, seine Wahl selbst zu treffen, nicht wahr ... Ich bewundere übrigens, mit wie viel Gelassenheit er an die Sache herangeht, die für ihn sicher nicht ganz einfach ist, nicht wahr. Du heiratest einen aufrichtigen Mann, meine liebe Tochter ..."

Diese Worte meines Vaters waren für mich wie eine zärtliche Liebkosung. Ich hatte solche Angst vor dem, was mich erwartete. Und wenn er so mit mir sprach, dann fühlte ich mich wieder wie das kleine Mädchen, das von seinem Papa getröstet wird. Aber trotzdem – ich habe mich schon immer gefragt, woher mein Vater diesen Tick hatte, all seine Sätze mit „nicht wahr, nicht wahr" zu betonen.

Emma Schmitt

Kleinsdorf, Ende Mai 1934

Ich bin so glücklich! Unser Ernest hat uns gerade geschrieben: Er hat angekündigt, dass er uns Sonntag besuchen kommt. Seit Weihnachten haben wir ihn nicht mehr gesehen, unseren Ernest. Er ist so beschäftigt in Straßburg! Neulich kam der Dorflehrer ganz aufgeregt zu uns, er hatte die Zeitung dabei. Auf der Seite der Gerichtsprozesse stand der Name unseres Ernest. Ich konnte den Artikel nicht lesen, weil er auf Französisch war. Aber ich hab das gelesen, was der Schullehrer unterstrichen hatte, „*... der Rechtsanwalt Ernest Schmitt ...*", das reicht mir! Denn dieser Ernest Schmitt, das ist unser Nesti, der uns am Sonntag besuchen kommt. Was habe ich geweint, als man ihn mir weggenommen hat, um ihn ins Internat im Knabenseminar zu stecken, und was war ich froh (aber das sage ich keinem), als er beschlossen hat, *nicht* Pfarrer zu werden. Nesti ist mein einziges Kind und ich hoffe doch, dass ich eines Tages Großmutter sein werde, was ganz normal ist, oder?

Mittlerweile ist mein Nesti ein richtiger Herr geworden. Aber er ist trotzdem mein Nesti geblieben, denn wenn er mich ansieht, dann sagen mir seine Augen, dass er mein Nesti ist, und ich bin seine Mama.

Mein Mann hat den Lehrer sofort gefragt, ob *richa*

Meller denn weiß, dass Ernests Name in der Zeitung steht. *Meller* wusste es. Das war das Wichtigste. Mein Mann hatte sich schon so gefreut, als der Sohn vom *richa Meller* seinen Volksschulabschluss nicht bestanden hatte ... und jetzt steht der Name unseres Sohnes in der Zeitung! Der Rest ist doch völlig nebensächlich! Wenn *richa Meller* an diesem Tag gekommen wäre und unsere drei Parzellen in den *Diefmàtta* hätte haben wollen, mein Mann hätte zu ihm gesagt: „Nimm nur, und gib mir dafür, was du willst!" Aber *Meller* wird niemals auch nur einen Fuß in unseren Hof setzen. Dafür ist er viel zu stolz. Und jetzt ist er auch noch neidisch!

Was uns besonders amüsiert hat, ist, dass Ernest uns in seinem Brief ankündigt, dass er uns am Sonntag seine Verlobte vorstellen wird. Alice heißt sie. Er denkt, dass wir keinen Schimmer haben! Aber wir wissen schon mehr, als er glaubt: Letzte Woche ist nämlich Pater Seelig bei uns aufgetaucht, nach dem Melken. Er hat sehr ernst ausgesehen, was gar nicht seine Art ist. Er ist ein netter Mensch, der gerne mit den Leuten aus dem Dorf lacht. Aber an diesem Tag hat er nicht gerade fröhlich ausgesehen ... Er hat gesagt, dass er uns etwas ganz Furchtbares mitteilen muss. Er hatte gerade von einem Priester aus Straßburg erfahren, dass Ernest sich mit einer Protestantin verlobt hat und dass er bei den Lutheranern heiraten wird. Er hat uns anvertraut, dass er schon sehr darunter gelitten hat, dass Ernest nicht den Weg zum Großen Priesterseminar eingeschlagen hatte, dass er auch weiterhin viel für ihn betet. Aber das hier, meinte er, ist viel schlimmer als alles, was er sich vorstellen konnte: Wenn Ernest sich nämlich von einem

Pastor trauen lässt, dann muss er automatisch aus der Kirche austreten. Ein katholischer Bauernsohn aus dem Sundgau, der eine Protestantin aus Straßburg heiratet, und das auch noch vor einem Pastor! Das hatte es, soweit das Gedächtnis eines Sundgauer Pfarrers zurückreicht, noch nie gegeben! Ob wir uns überhaupt vorstellen könnten, wie tragisch das alles ist, wollte er wissen. Und ob wir denn vergessen haben, was unser Ernest der Elsässischen Kirche zu verdanken hat, die ihm sein ganzes Studium finanziert hatte?

Kurz und gut, als die Karte von Ernest ankam, wussten wir schon weit mehr als das, was er uns ankündigen wollte.

Marcel S.

Straßburg, 1934, Gefängnis in der Fadengasse, Zelle 27

Ich will nicht um den heißen Brei herumreden: Ich habe in meinem Leben schon viele Fahrräder geklaut. Viermal wurde ich wegen Fahrraddiebstahls verurteilt. Nie wegen was anderem. Aber in Wirklichkeit habe ich schon mehr als vier Fahrräder geklaut. Ich kann nicht sagen, wie viele es waren, ich hab' sie nie gezählt. Manchmal hatte ich allerdings einen guten Grund. Einmal hat man mir zum Beispiel mein eigenes Fahrrad geklaut. Also habe ich ein anderes geklaut, um es zu ersetzen, das ist doch völlig normal. Oder, als ich am Rheinhafen gearbeitet habe, da brauchte ich ja wohl ein Fahrrad, um von mir zuhause in Neudorf da hinzukommen. Also habe ich manchmal eins geklaut. Wenn man arbeitet, dann muss man pünktlich sein, so ist das eben.

Ich habe auch welche geklaut, um sie weiterzuverkaufen, das gebe ich zu, und da ist es schon in Ordnung, wenn man mich vor Gericht zerrt. Viermal wurde ich deshalb verurteilt. Letzte Woche wurde ich mal wieder verhaftet, und als sie gesehen haben, dass ich das fünfte Mal für die gleiche Sache festgenommen wurde, haben mich die Gendarmen gewarnt: „Dieses Mal werden sie nicht so gnädig sein. Das mögen die Richter nicht besonders, Typen wie dich, die immer wieder aus dem gleichen Grund kommen!“

Diesmal brauchte ich also einen guten Verteidiger. Im Gefängnis war viel die Rede von einem jungen Anwalt namens Schmitt, der angeblich sehr gut ist. Er ist vor dem Prozess zu mir gekommen, und, ganz ehrlich, er hat einen sehr guten Eindruck auf mich gemacht. Nur am Ende hat er dann doch gesagt, und da hätte ich schon misstrauisch werden sollen: „Das wird nicht leicht werden!“

Die Sache ist ganz einfach: Einem Typen aus dem Viertel wird das Fahrrad geklaut. Er geht zur Polizei und sagt, dass er mich verdächtigt, weil es im Viertel anscheinend welche gibt, die mich seit einiger Zeit *Marcel den Velostibitzer* nennen ... Die Gendarmen sind in meinen Wohnblock gekommen und haben angeblich im Hof das Fahrrad von dem Typen gefunden, der mich verdächtigte. Und wer wird dann hoppla hopp eingebuchtet? Der Marcel natürlich! In meinem Block gibt es zehn Wohnungen, und natürlich bin ich schuld, so, als ob in den anderen Wohnungen lauter Heilige wohnen würden!

Der Prozess ist schon schlecht losgegangen, weil der Vorsitzende Richter mit den Worten begonnen hat: „Aha, die Sache mit dem *Velostibitzer Marcel* aus Neudorf!“ Da mussten alle lachen, außer dem Staatsanwalt, der ein Franzose aus Innerfrankreich war. Aber als der Vorsitzende es ihm übersetzt hat, hat auch er losgelacht, und zwar auf ganz bescheuerte Art. Da alle lachten, habe ich mich zu Rechtsanwalt Schmitt gewandt, damit er mal wieder ein bisschen Ordnung schafft. Aber der lachte auch. Nicht so laut wie die anderen, aber er lachte und das hat mich echt aufgeregt. Das fing ja schon mal ganz mies an!

Ich musste nur lachen, als der Staatsanwalt den Schlaumeier spielen wollte und versucht hat, mit seinem südfranzösischen Akzent das Wort *Velostibitzer* auszusprechen. Da haben wieder alle gelacht, aber diesmal wegen ihm. Denn er war wirklich lächerlich. Aber danach gab's für mich nichts mehr zu lachen. Wie der mich beschrieben hat! Da hatte man doch glatt den Eindruck, dass ich schlimmer als ein Obergangster aus Chicago bin!

Also setzte ich all meine Hoffnung auf Rechtsanwalt Schmitt. Aber der hat mich echt enttäuscht. Ich dachte, er würde laut rufen, dass das eine große Ungerechtigkeit sei, dass *Velostibitzer* von den Gendarmen auf die Akte geschrieben worden war, um mich niederzumachen, dass man einen Menschen nicht wegen seines Rufs verurteilt, sondern aufgrund von Beweisen, dass es eine große Ungerechtigkeit wäre, wenn ich im Gefängnis bleiben müsste, lauter solche Sachen eben. Stattdessen hat er ganz normal gesprochen, ganz ruhig. Die Hälfte davon habe ich nicht kapiert. Er hat irgendetwas von Unschuldsvermutung gequasselt. Von wegen, vorverurteilt haben sie mich! Von dieser Vermutung kann ich mir nichts kaufen, schon gar kein Fahrrad ... Und Zeit, um ein geklautes weiterzuverkaufen hatte ich auch nicht!

Aber es war ja eh schon alles vorbei für mich, als mein Anwalt mit allen anderen über den *Velostibitzer* gelacht hat.

Was soll's, ich geh nicht in Berufung. Drei Wochen muss ich hier noch absitzen, das lohnt nicht. Ist ja nur ein weiterer Justizirrtum. Und außerdem hab ich unter den Gefangenen eine Menge Kumpel. Aber mal ehrlich, diesen Anwalt Schmitt kann ich keinem empfehlen.

Gerade habe ich seine Rechnung bekommen. Eins kann ich Ihnen sagen: Der weiß, was er verlangt! Und für *das* Ergebnis ... Um ihn zu bezahlen, müsste ich mindestens zwei gute Räder klauen und sie ordentlich weiterverkaufen. Ich weiß noch nicht, ob ich das mache oder nicht.

Bei dem Ruf, den sie mir im Viertel verpasst haben!

Emma Schmitt

Kleinsdorf, erster Sonntag im Juni 1934

Ernest ist mit dem gleichen Luxusauto gekommen wie das vom *Herrn Dokter*, aber der fährt seinen Delage nur sonntags aus und manchmal sieht man den Wagen im Hof vom r*icha Meller*. Mein Mann war sehr zufrieden, weil der Delage vor unserem Haus stand. So konnte Müller ihn nicht übersehen.

Wie oft habe ich Arsène schon gesagt, er soll in unserem Hof einen kleinen Zaun ziehen, um die Hühner und Enten von der Eingangstür fernzuhalten! Die Leute, die uns besuchen, müssen immer sehr aufpassen, um nicht in Hühner- oder Entenkacke zu treten, und manchmal laufen die Hühner ins Haus, wenn die Tür offenbleibt. Neulich habe ich sogar mal einen Hahn auf dem Küchentisch entdeckt. Die Leute, die es gewohnt sind, uns zu besuchen, wissen das alles und laufen Slalom, um zur Haustür zu kommen, aber die, die zum ersten Mal kommen, übersehen oft die Tretminen.

Und Alice, die Verlobte unseres Sohnes, kam zum ersten Mal. Was für eine schöne Frau, diese Alice! Und wie elegant sie angezogen war! Einfach, aber sehr schick: Mir kam es vor, als käme sie direkt aus einem *Schwitzerheftel*, einem dieser Mode-Zeitschriften aus der Schweiz, die von den Frauen aus dem Dorf so oft von Hof zu Hof weitergegeben werden, dass sie schlussendlich nur noch aus Fetzen bestehen. Natürlich sieht man ihr sofort an, dass sie nicht auf den Feldern arbeitet, aber sie sieht so lieb aus!

Tja, und kaum war sie in unserem Hof, platsch, ist sie auch schon in Entenkacke getreten! Ernest hätte ihr sagen sollen, dass sie aufpassen muss, aber er hat nicht dran gedacht. Und außerdem hat sie nur so kleine Sandalen getragen und Strümpfe, die sicher aus Seide waren, denn so schöne habe ich noch nie gesehen. Für das erste Kennenlernen war das schon mal kein besonders guter Start. Sie hat gefragt, wo die Toiletten sind, aber das, was sie „Toiletten“ nennt, befindet sich bei uns hinter dem Stall und es ist nicht das, was sie sich vorstellt. Und in Kleinsdorf muss man das Wasser am Brunnen holen, da genügt es nicht, wie in der Stadt einen Wasserhahn aufzudrehen und zack, läuft das Wasser von alleine. Angeblich gibt es sogar manchmal zwei Hähne, einen für warmes Wasser und den anderen fürs kalte.

Naja, wir haben's irgendwie hingekriegt. Sie hat gesagt, es sei nicht schlimm. Und danach ist alles gut verlaufen. Das Essen hat ihr sehr geschmeckt. Sie hat sogar um Nachschlag gebeten. Zu dem Anlass hatten wir den großen Hahn geschlachtet. Ernest war ganz lieb zu ihr. Das war ein Anblick! Arsène hat nie so mit mir geredet, nicht einmal am Anfang unserer Ehe. Beim Essen haben wir über den Hahn, das Wetter und den Bauernhof gesprochen. Das hört sich ja so komisch an, wie die in Straßburg sprechen.

Als ich sie gefragt habe, ob sie das erste Mal im Sundgau ist, habe ich meine Frage mehrmals wiederholt, aber sie hat sie nicht verstanden. Also hat Ernest sie auf Französisch gefragt. Um zu verneinen, sagt sie nicht *naï*, so wie wir, sondern *nààan*! Ich finde das echt komisch! Der Dialekt, den sie spricht, klingt fast wie Deutsch. Aber letzten Endes haben wir uns daran gewöhnt und uns immerhin ein bisschen verstanden.

Sie hat mich gefragt, ob ich schon mal in Straßburg gewesen bin. Nein, da bin ich natürlich noch nie gewesen. Was sollte ich da? Ich war schon zweimal in Mulhouse und einmal in Basel, aber noch nie in Straßburg.

Als wir mit dem Essen fertig waren, sah Ernest plötzlich etwas verlegen aus. Er muss uns etwas Wichtiges mitteilen, hat er gesagt. Arsène hat ihn unterbrochen: „Du heiratest bei den Protestanten? Das wissen wir schon!"

Da wurde Ernest stocksteif und ganz blass. Er wollte auf der Stelle ins Pfarrhaus eilen und mit dem Pfarrer Seelig sprechen. Dass er das nicht tun soll, hab' ich ihm gesagt. Dass es unnötig ist. Und als dann Alice ihre Hand auf die Seine gelegt hat, hat er sich augenblicklich wieder beruhigt. Ich fand das so schön: Diese Frau, die aus einem *Schwitzerheftel* entsprungen zu sein scheint, schafft es, meinen Ernest einfach so zu beruhigen, indem sie ihre Hand auf seine legt! Mir ist es nie gelungen, meinen Arsène zu beruhigen, wenn er sich wegen Müller aufregt. Ich bin aber auch noch nie auf die Idee gekommen, in dem Moment meine Hand auf seine zu legen. Wenn er sich das nächste Mal aufregt, werde ich es mal versuchen. Viel Hoffnung habe ich allerdings nicht. Denn wenn sich Arsène über unseren Nachbarn aufregt, verwandelt er sich völlig. Dann wird er ein anderer Mensch, ein Mensch, der mir völlig fremd ist.

Und noch etwas hat Ernest beruhigt, und zwar, als Arsène ihm gesagt hat: „Du bist alt genug. Du hast studiert, also kannst du machen, was du willst. Wir lassen dir freie Wahl."

Und da bin ich mit Arsène einer Meinung. Unser Nesti ist groß genug, um zu wissen, was gut für ihn ist. Übrigens hatte ich bis dahin noch keine Protestanten gesehen. Juden kannte ich, die, die im Dorf vorbeikommen, um Dinge zu verkaufen, oder um zu schauen, ob wir nicht eine Kuh zu viel hätten. Aber Protestanten hatte ich noch nie in echt gesehen. Diese Alice ist vielleicht Protestantin, aber sie ist eine wirklich tolle Frau, das sieht man sofort.

Als sie mich beim Gehen umarmt hat, hatten wir beide feuchte Augen. Ich muss oft an diesen Moment denken. Und ich male mir aus, dass ich vielleicht eines Tages die Großmutter der Kinder dieser Frau sein werde, die doch aussieht, wie einem *Schwitzerheftel* entstiegen. Und so etwas, das ist für mich fast wie ein Traum.

Als sie dann auf dem Weg zum Auto wieder durch den Hof gegangen ist, hat sie sehr, sehr aufgepasst, wo sie hintritt. Aber wenn sie das nächste Mal kommt, dann wird da ein Zaun sein. Ich werde Arsène keine Ruhe lassen, bis er ihn gezogen hat.

Arsène Schmitt

Im Zug von Straßburg nach Basel, 30. Juni 1934

Ich habe gleich zu Emma gesagt: „Ich gehe allein zur Hochzeit nach Straßburg." Sie war einverstanden. Es muss sich ja jemand ums Vieh kümmern, und außerdem weiß schon das ganze Dorf, dass unser Sohn in Straßburg eine Protestantin heiratet. Der Pfarrer hatte dafür gesorgt, dass alle Bescheid wussten. Er erzählte wohl, dass unser Sohn die Seite Satans gewählt hat, dass er niemals ein religiöses Begräbnis bekommen würde und dass er nach seinem Tod auf dem Friedhof in der Ecke der Selbstmörder landen würde. Stellen Sie sich das mal vor, Ernest, unser Sohn, ein Rechtsanwalt, in der Ecke der Selbstmörder ... Ein Anwalt in der gleichen Ecke wie die Selbstmörder?

Wenn wir alle beide in Sonntagskleidung zur Bushaltestelle gegangen wären, dann hätten sicher alle böse gegrinst, vor allem der *richa Meller*. Allerdings kann der grinsen, so viel er will, er darf sogar an der Bushaltestelle vorbeifahren, mit seinem Auto, auf das er so stolz ist. Das ist mir vollkommen egal, seit er gesehen hat, dass Ernest das gleiche Auto wie der *Herr Dokter* fährt, wo sein eigener Sohn ja noch nicht einmal den Volkschulabschluss geschafft hat!

Ich habe meinen schwarzen Hochzeitsanzug aus dem

Schrank geholt; allerdings riecht er ziemlich nach Mottenkugeln. Seit unserer Hochzeit habe ich ihn nur zweimal angezogen. Bei der Beerdigung meiner beiden Eltern. Er ist etwas eng geworden. Aber Emma hat gesagt, ich soll das Jackett offen lassen, dass es prima passt, wenn ich nicht versuche, die Knöpfe zuzumachen. Sie hat Recht, es geht so einigermaßen.

Ernest hat mich mit seiner Verlobten auf dem Bahnsteig am Bahnhof erwartet. Wir sind direkt in die Kirche gefahren. Sie hatten alles zeitlich durchgeplant. Als wir die Kirche betreten haben, habe ich meinen Sohn gefragt:

„Sen sie àm umboia? (Sind sie am Umbauen?)

„Worum?“ (Warum?)

„Eh ben ir weiß net... Net eini tààfel, kae einzigi stàtüt, net amol a Blüamastrüss! (Naja, ich weiß nicht ... Nicht ein einziges Bild, keine einzige Statue, nicht einmal ein Blumenstrauß!)

Ich glaube, ich habe Ernest mit diesen Fragen etwas genervt. Er hat mir kurz angebunden erklärt, dass das bei denen immer so ist! Na, da werde ich Emma aber einiges zu erzählen haben! Die wird Augen machen, wenn sie hört, dass es in den Kirchen der Protestanten weder Statuen noch Blumensträuße gibt! Die Anwesenden waren alle sehr fein angezogen. Die Männer hatten Jacketts an, die sie bis obenhin zuknöpfen konnten. Und die Damen hatten vielleicht Kleider, mein lieber Mann! Da dachte ich mir, dass es wirklich besser war, dass Emma in Kleinsdorf geblieben war ...

Der Pastor war überhaupt nicht so angezogen wie unsere Pfarrer mit ihren goldbestickten Messgewändern. Und außerdem stand er uns von Angesicht zu Angesicht gegenüber, nicht wie bei uns, wo man den Pfarrer nur von hinten sieht. Ich dachte erst, er sei ein Anwalt, ein Kollege von Ernest, der eine Rede halten will, weil er genau so angezogen war wie die Anwälte. Er hatte nur ein schwarzes Gewand an, mit einer Art weißem Latz drüber. Ich war froh, dass er Deutsch sprach. Auf Französisch hätte ich nichts verstanden und auf Straßburgerisch nicht viel mehr. Als er sprach, hat er sich eigenartigerweise hauptsächlich an mich gewandt. Das war mir peinlich und deshalb habe ich einen Großteil von dem, was er gesagt hat, als er mich so angeschaut hat, wieder vergessen. Schade, jetzt kann ich Emma nicht alles erzählen. Aber ich erinnere mich immerhin, dass er gesagt hat, dass es sicherlich nicht leicht für mich und meine Frau Emma sei. Er hat Emmas Namen genannt. Das weiß ich noch genau. Das erzähle ich ihr, der Emma. Das wird sie freuen. Ich finde, dass es gut war, an sie zu denken und ihren Namen zu nennen, und er hat ihn sogar mehrmals genannt. Meinen übrigens auch. Er sagte: „Seine Eltern Arsène und Emma …“ Ganz ehrlich, unser Pfarrer hätte das mit Sicherheit nicht getan, wenn Ernest in der Kirche von Kleinsdorf eine Protestantin geheiratet hätte.

In Kleinsdorf dauern die Hochzeiten meistens drei Tage. Die Männer sind dann entweder *voll* oder *grànàda voll* und manchmal sogar *bombagrànàdavoll.* Aber bei den Straßburger Protestanten ist niemand *voll.* Nicht mal ein bisschen. Bei dem, was man in den Gläsern serviert kriegt, ist das auch nicht möglich. Das Essen im Restaurant war mir peinlich. Es gab so viele verschiedene Gabeln, Messer und Gläser. Ich frage mich, warum, denn der Inhalt der Teller war eher übersichtlich. Und ich habe immer die falsche Gabel oder das falsche Messer genommen, aber ich habe es immer zu spät gesehen, weil ich vor den anderen schon zu essen angefangen hab. Ich hatte ja Hunger, wo ich doch seit dem Morgen nichts mehr gegessen hatte. Mit dem Wein war es einfacher. Jedes Mal, wenn mein Glas leer war, kam ein Typ – der war vielleicht schick angezogen! –, der es mir wieder füllte. Da konnte ich mich nicht irren, weil *er* ja immer wieder das Glas füllte.

Das Schwierigste war die Sprache. Viele sprachen Französisch. Und die, die mich auf Straßburgerisch ansprachen, mussten alles dreimal wiederholen, damit ich sie verstand. Und dann verstanden sie auch nicht gleich meine Antwort.

Am späten Nachmittag hat mich Ernest wieder zum Bahnhof gebracht. Ich war erleichtert und er auch, glaube ich. Aber das sage ich Emma nicht, dass er wohl erleichtert war. Ganz bestimmt erzähle ich ihr aber, dass unsere Schwiegertochter mich auf dem Bahnsteig auf die Wange geküsst hat.

Jetzt bin ich froh, wieder im Zug zu sitzen. Zu meiner Rechten sehe ich gerade die Hohkönigsburg. Mir kommt es nicht so vor, als käme ich von einer Hochzeit zurück. Ich *spiir* kein bisschen, ich meine, ich bin kein bisschen betrunken. So etwas ist in Kleinsdorf unmöglich. Am Abend der Hochzeit deines einzigen Sohnes spürst du mindestens ein bisschen den Wein, sonst war es keine Hochzeit. Aber es ist ja auch das erste Mal, dass einer aus unserem Dorf Anwalt in Straßburg wird. Das darf man nicht vergessen, auch wenn er eine Protestantin zur Frau genommen hat. Aber was soll's, das ist jetzt halt so ...

Alice Schmitt

Lichtenthal, den 1. Juli 1934

Auf dem Bahnsteig habe ich mir gedacht, dass es angebracht wäre, meinem Schwiegervater einen Abschiedskuss zu geben, bevor er abfährt. Kurz bevor er in den Zug steigen wollte, habe ich eine ziemlich unbeholfene Bewegung in seine Richtung gemacht, die durch ein unglückliches Aufeinandertreffen unserer Nasen unterbrochen wurde.

Dann sind Ernest und ich nach Lichtenthal gefahren, wo uns unsere Hochzeitsnacht bevorstand.

Wenn die Männer und Frauen auf den Feldern die von unserem Auto aufgewirbelte Staubwolke näherkommen sahen, unterbrachen sie ihre Tätigkeit und nahmen sie erst wieder auf, wenn unser Auto aus ihrem Blickfeld verschwand.

Immer wieder mussten wir in Schrittgeschwindigkeit hinter heubeladenen Karren herfahren, die, von langsamen Pferden oder Ochsen gezogen, zurück ins Dorf fuhren. Ernest zögerte jedes Mal, bevor er ein Gespann überholte, denn meistens waren sie von vier Pferden gezogen, die mehrere Wägen hinter sich herschleppten.

Wir fanden beide, dass die Zeremonie und das Essen einfach und der Situation angemessen gewesen waren, so, wie wir es uns vorgestellt hatten. Ernest war froh, dass alle sehr nett mit seinem Vater gewesen waren. Er war sehr berührt vom Hochzeitsgeschenk meines Vaters: ein Marken-Jagdgewehr. Manchmal fuhren wir lange Minuten hinter demselben Karren her. Nach einem Schweigen, das mir unendlich lang schien, drehte sich Ernest zu mir und fragte:

„Geht's dir gut, Alice?"

„Ja, Ernest. Und dir?"

„Mir geht es sehr gut."

Dann hat er seine Hand auf meinen Oberschenkel gelegt. Ich bin von dieser unerwarteten Geste ganz steif geworden. Der Stoff meines Kleides war sehr dünn. Ich spürte seine feuchte Hand. Ich habe mich bemüht, mich zu entspannen. Niemand hat mir jemals etwas über diese Dinge gesagt. Ich hatte gehofft, meine Mutter würde mir vielleicht am Hochzeitstag etwas erklären, aber sie hat nichts gesagt. Als sie mich nach dem Fest umarmt hat, habe ich in ihren Augen so etwas wie Angst oder Schrecken gesehen.

Als der Karren, dem wir die ganze Zeit hinterhergefahren waren, endlich auf ein gerades Stück Straße gelangte, konnten wir ihn schließlich überholen. Bei der Gelegenheit hat Ernest seine Hand zurückgezogen, aber kaum hatten wir etwas Fahrt aufgenommen, tauchte schon wieder eine Kolonne vor uns auf, die genauso lang war wie die vorige auch.

Ernest hat seine beiden Hände auf dem Lenkrad gelassen und ich habe die Landschaft betrachtet, die ich seit frühester Kindheit in- und auswendig kannte. Diese Straße zwischen Straßburg und Lichtenthal war mir so vertraut, weil mein Vater unter seinen Anwaltskollegen einer der allerersten gewesen war, der ein Auto besaß. Wir fuhren zu einer Tageszeit, die die Schriftsteller besonders mögen, weil sie ihnen die Möglichkeit bietet, in ihren Romanen zu schreiben, dass die Schatten sich auf die Erde legen. An diesem Abend stimmte das ganz besonders. Die Schatten der Bäume legten sich wirklich über die Felder und Wiesen. Selbst der Schatten unseres Autos hatte sich in den Graben gelegt: Er galoppierte an unserer Seite und sprang mit der Leichtigkeit eines seinem Stall entsprungenen Zickleins über Böschungen und Unebenheiten am Straßenrand entlang.

Abends im Schlafzimmer wurde ich von einer panischen Angst gepackt, als Ernest das Licht ausgemacht hat. Der Blick meiner Mutter verfolgte mich. Der letzte Blick, den eine Mutter auf ihr Mädchen wirft, solange es noch ein Mädchen ist. Ich habe geweint. Ich habe Ernest gesagt, dass ich nichts von all diesen Dingen wisse. Ernest war wirklich lieb zu mir. Aber ich habe mich geschämt, ich fühlte mich so lächerlich. Er hat gesagt, das wäre normal. Aber ich habe weiter geweint. Dann hat Ernest mir zärtlich die Haare gestreichelt und gesagt, dass diese Dinge mit der Zeit schon werden.

Am nächsten Morgen sind wir sehr früh aufgestanden. Wir haben auf der Terrasse gefrühstückt und uns darauf konzentriert, die Butter auf unsere Brote zu schmieren. Dann tauchte am Waldrand ein Hirsch auf, der uns mit hochmütiger Miene ansah, bevor er ganz gelassen anfing zu grasen. Ich sagte, dass mein Vater den bestimmt für eine seiner nächsten Treibjagden im Visier hätte. Da hat Ernest mich zum ersten Mal seit dem Ende der Hochzeitsfeier zum Lachen gebracht:

„Er könnte ihn auch ausstopfen und ihn Schnurtzi gegenüberhängen, dann würde der sich nicht so allein fühlen."

Daraufhin ist die unangenehme Erinnerung an unsere erste Nacht ein bisschen von mir abgerückt.

Hermann Bickler, Rechtsanwalt

Straßburg, Beginn der Gerichtsferien 1935

Als ich meinen Kollegen Ernest Schmitt zum ersten Mal gesehen habe, war das von hinten. Er war dabei, einen banalen Scheidungsprozess zu führen. Er hielt eine seiner ersten Verteidigungsreden. Wir waren eine kleine Gruppe von Anwälten, die darauf warteten, dass sie an die Reihe kamen, und wir spitzten die Ohren. Denn wenn ein junger Praktikant in den eingeschworenen Kreis aufgenommen wird, sind seine erfahrenen Kollegen immer gespannt auf die erste Verteidigungsrede des Anfängers, der bald ihr Gegner sein wird.

Rechtsanwalt Schmitt sprach auf sehr natürliche Weise und in einem perfekten Französisch, wie all diese jungen Leute, die nur die französische Schule kennengelernt haben. In seiner Art zu sprechen war etwas Sanftes, denn er rollte die „r", wie das im Sundgau üblich ist. Vor allem aber hatte dieser junge Kollege großes Glück: Er besaß nämlich diese rätselhafte Fähigkeit, die einigen Menschen in die Wiege gelegt wird und die bewirkt, dass man ihnen zuhört, sobald sie auch nur einen halben Satz gesagt haben.

Ich gebe zu, dass mich diese fast magische Fähigkeit, Reden zu halten, sehr interessiert. Als Anwalt natürlich, aber noch viel mehr als politischer Aktivist. Denn mit ein paar Freunden habe ich gerade eine neue Bewegung gegründet. Unser Ziel ist es, dem elsässischen Volk zu helfen, gegen die Französische Republik aufzubegehren, die am Ende noch unsere Sprache, unsere Kultur und unsere Religionen zunichtemachen wird, wenn wir Elsässer nicht ganz schnell reagieren. Meine Bewegung heißt *Jungmannschaft*. Ihre Mitglieder kommen hauptsächlich aus den protestantischen Dörfern nördlich von Zabern. Wir haben auch einige Sympathisanten im Sundgau, aber ich bin auf der Suche nach Persönlichkeiten, die mir helfen könnten, unsere Bewegung auch in anderen Gebieten des Elsass voranzubringen. Ich weiß, dass Ernest Schmitt der Sohn eines Kleinbauern aus dem Sundgau ist, so wie ich Sohn eines Bauern aus dem Krummen Elsass bin. Ich dachte mir bald schon, dass er als Bindeglied zwischen unserer jungen Bewegung und dem Süden der Region fungieren könnte, in der ich zugegebenermaßen noch nie gewesen bin.

Als wir neulich das Kantonsgericht einer kleinen Stadt im Norden vom Elsass verlassen haben, habe ich ihn auf ein Glas Wein eingeladen. Wir warteten auf den Zug, der uns wieder nach Straßburg bringen sollte. Da hatte ich Zeit, mit ihm über die Bedeutung des Kampfes zu sprechen, den ich im Dienste unseres Volkes führe.

Als ich den Riesling in Schmitts Glas gegossen habe, haben wir beide eine tote Fliege direkt vom Krug in sein Glas abtauchen sehen. Schmitt hat die Bedienung gerufen, damit sie das kleine Problem behebe.

Dann habe ich angefangen, ihm die Grundlage unserer Bewegung zu erläutern, die sich auf die germanischen Wurzeln unseres elsässischen Volks beruft. Ich habe ihm erklärt, dass das Volk ja nie nach seiner Meinung gefragt wird, aber die Tatsache, dass wir ihm den Vorrang geben wollen, führt auf ganz natürliche Weise zu den Begriffen *Volkstum* und *Volksgemeinschaft.* Als ich ihm gerade die politische Bedeutung dieser Begriffe nahebringen wollte, rief er plötzlich:

„Oh, sie lebt ja, Kollege! Schauen Sie mal, sie krault gerade durch mein Glas!“

Daraufhin habe ich ihm von einer Versammlung berichtet, die ich am Vortag in meiner Heimat, im Krummen Elsass, geleitet hatte. Als ich erzählte, dass mich während dieser Versammlung ein Typ gefragt hatte, was ich vom frischgebackenen deutschen Kanzler, Herrn Hitler, halte, ist die Bedienung mit einem kleinen Löffel gekommen; damit sollte die Fliege aus ihrem Riesling-Schwimmbecken geholt werden. Daran hatte Schmitt großen Spaß, er fischte die Fliege heraus und katapultierte sie auf den Boden, wo er sie sehr aufmerksam weiter beobachtete.

Was wir bräuchten, habe ich dem Kerl gesagt, der mir die Frage zum deutschen Kanzler gestellt hatte, was wir in diesem Land bräuchten, das wäre ein Typ wie er und nicht so einen Juden wie dieser Blum, der gleichzeitig das weltweit herrschende Judenpack und den atheistischen Kommunismus vertreten will, was so ziemlich aufs Gleiche rauskommt.

Schmitt hat einen Moment aufgeblickt, um sich meine Antwort anzuhören. Er schien erstaunt. Dann hat er wieder auf den Boden geschaut und gerufen:

„Jetzt ist sie weggeflogen!“

„Ich kann Ihnen sagen, Kollege, dass die Leute begeistert geklatscht haben, als ich ihnen meine Meinung zum Kanzler gesagt habe."

Als ich ihn auf ein Glas einlud, wollte ich ihm eigentlich vorschlagen, an einem unserer nächsten Treffen teilzunehmen, doch ich habe schnell verstanden, dass bei diesem jungen Emporkömmling nichts zu holen war, der war ja gerade mal fähig, sich von seinem Volk loszusagen, indem er die Tochter seines Chefs heiratete; also habe ich nichts gesagt. Er ist übrigens nicht der Einzige. Ich sehe das sehr wohl um mich herum: Mit Ausnahme von ein paar wenigen sind meine Kollegen sehr enttäuschend. Ehrlich gesagt: ich finde sie einfach dumm, mit ihrer Art, die Franzosen nachzuäffen; ja doch, vor den Richtern aus Innerfrankreich, die sich bei uns wie in einer afrikanischen Kolonie aufführen, verhalten sie sich tatsächlich wie Affen. Ich bin ganz sicher, dass sie mit ihrem Akzent, der sie sowieso verrät, und ihren von den Preußen geerbten Bücklingen vor den richtigen Franzosen lächerlich wirken. Ich bin mir da so sicher, weil ich es mehr als einmal am hochmütigen Lächeln von dem einen oder anderen Richter ablesen konnte.

Ich gebe zu, dass das eine Sache ist, die ich nicht verstehen kann: Wie konnte das *Franzosentum* innerhalb weniger Jahre die meisten meiner Mitmenschen so durchdringen? Immerhin waren wir doch vor dem Krieg für zwei Generationen deutsch, oder? Und diesen Krieg haben unsere Väter ja wohl, wenn sie denn zurückgekommen sind, gegen die Franzosen geführt! Unsere Sprache ist eine germanische. Wir sind zutiefst religiös, im Gegensatz zu diesem laizistischen Frankreich, mit dem wir überhaupt nichts am Hut haben und das uns im Namen dieser verdammten Republik seine Gesetze aufdrängen will, die glatt der Feder von Robespierre entsprungen sein könnten! Da fehlt einem doch jegliches Verständnis!

Und dieser Haufen von Idioten in der Bourgeoisie, die nur Paris, Voltaire, die Republik, Jeanne d'Arc und den ganzen Plunder gelten lassen! Dieser Ernest Schmitt ist ein ganz typisches Beispiel, ich frage mich, ob er nicht Freimaurer ist, weil ... die und die Juden das sind die Allerschlimmsten.

Ich folgere daraus, dass die wirklichen Veränderungen nur vom Volk ausgehen können. Ab und zu fahre ich auf Einladung der neuen Machthaber nach Deutschland. Es ist offensichtlich, dass dort etwas Wesentliches im Gange ist. Das spüre ich in meinem tiefsten Innern, jedes Mal, wenn ich dort bin. Meiner Bewegung würde ich gerne etwas von diesem Geist übermitteln, der mich erfüllt, jedes Mal, wenn ich von dort zurückkomme. Und ich treffe dort Gesprächspartner, denen die Leiden meines Volkes nicht gleichgültig sind, und die bereit sind, mir bei seiner Befreiung zu helfen.

Gaston Schmidt

Straßburg, Ostern 1936

Neulich habe ich meinem Schwiegersohn anvertraut, dass ich seinen Mut der katholischen Religion gegenüber bewundere.

„Von welchem Mut sprechen Sie?", hat er gefragt.

„Es ist sicher keine einfache Sache, einer Welt den Rücken zu kehren, die seit Jahrhunderten die Ihrer Vorfahren ist."

„Ich kehre niemandem den Rücken. Sie sehen ja, es ist die Kirche, die mich ausschließt. Mir wäre lieber, es wäre anders, aber im Grunde habe ich nicht selbst gewählt."

Ich habe nichts gesagt, aber ich dachte mir, dass dieser Satz, „ich habe nicht selbst gewählt", wie eine Zusammenfassung des Katholizismus war. Der Katholik muss keine Entscheidungen treffen, die Kirche trifft sie für ihn ... Er hat mir dann aber doch noch erklärt, dass er nie an die Jungfräulichkeit der Jungfrau noch an die Unfehlbarkeit des Papstes geglaubt hatte, beides schien ihm unsäglicher Schwachsinn zu sein. Er hat mir außerdem anvertraut, dass er hunderte Stunden seines Schülerlebens damit verbracht hatte, sich bei der morgendlichen Messe, die natürlich Pflicht war, in der Kapelle des Knabenseminars zu langweilen. Und jedes Mal fügte er hinzu: „Und außerdem war es dort immer eiskalt!" Aber trotzdem, die Tatsache, dass er einen solchen Satz aussprechen konnte – „ich habe nicht selbst gewählt" – er, der doch sonst so intelligent ist, beweist, dass er zutiefst von der Religion seiner Vorfahren geprägt ist.

Wir haben übrigens oft Diskussionen, die einem vorsichtigen Krieg ähneln: Ich nehme die Rolle des aufgeklärten Protestanten ein und er die des Katholiken, der er nicht mehr wirklich ist. Einmal hat er mir gestanden, er sei der Meinung, dass die Zugehörigkeit zu einer Religion Bestandteil eines jeden Individuums sei. Ein rätselhafter Bestandteil, der jedem Menschen Jahrhunderte vorausgeht und auf den er so wenig Einfluss hat wie auf seine genetischen Bestandteile. Immerhin sind meine Verwandten seit der Reformation Schmidts und seine schon immer Schmitts ...

Neulich hat er mich gefragt, ob man sagen könne, dass sich die Protestanten den Katholiken überlegen fühlen. Ich musste nicht lange überlegen, um mich schuldig zu bekennen. Ich habe ihm erklärt, dass die Heiligenverehrung, die Prozessionen und die ganze „katholische Folklore" in unseren Augen für eine primitive Religion stehen. Ich habe ihm sogar gestanden, dass man in meiner Familie die Katholiken ziemlich herablassend als *volik* bezeichnet.

„Wir sind das einfache Volk, gewissermaßen!", antwortete er.

Er erklärte mir, dass er sich trotz allem als Schuldner der Kirche fühle, denn ohne sie, das stand fest, wäre er nicht der geworden, der er heute ist. Ich habe erwidert, dass es auf dem Land eine der Aufgaben der Pastoren und Pfarrer sei, schlaue Köpfe ausfindig zu machen, um sie zu Pfarrern und Pastoren zu machen: „Sie sind nicht Pfarrer geworden. Pech für die Kirche, aber Glück für mich und meine Tochter!“, habe ich lachend hinzugefügt. Wäre er Priester geworden, dann hätte er auf alle Fälle keine Nachfahren gehabt, so mein Kommentar. Eine Tatsache, die im Übrigen die Kirche dazu zwingt, ihr Personal nach jeder Generation zu erneuern, wohingegen bei uns der Nachschub an Pastoren zum Teil auf biologischem Wege erfolgt, da ja viele Pastorensöhne selbst Pastoren werden. Und außerdem bilden die Pastorensöhne oft die Grundlage einer sozialen Elite, die es bei den Katholiken nicht gibt. Ich stamme aus einer Familie, in der es in mehreren Generationen Pastoren gab, aber genauso hat auch jeder Familienzweig Ärzte, Industrielle und Rechtsanwälte hervorgebracht ...

„Und wir müssen in jeder Generation wieder neu anfangen, ist das Ihr Gedanke?“

„Naja, schon. Mit dem Zölibat Ihrer Priester sind die katholischen Pfarrhäuser alles, nur keine Brutstätten für Eliten ...“

„Sie wollen mir also sagen, dass die katholischen Pfarrhäuser Intelligenz konsumieren, wohingegen die protestantischen Pfarrhäuser welche produzieren.“

„So in etwa. Die Erzeugung – fast hätte ich gesagt: die Fortpflanzung! – von katholischen Priestern ist eine wahre Sisyphusarbeit: Bei jeder Generation muss man von Neuem beginnen ...“

Vor einiger Zeit hat mir mein Schwiegersohn von einem Gespräch berichtet, das er mit unserem Kollegen Bickler geführt hat:

„Dass ich mich mit Bickler unterhalten habe, wäre zu viel gesagt. Er hat ohne Punkt und Komma geredet. Ziemlich eindimensional, dieser Typ. Wenn er spricht, könnte man meinen, dass in ihm eine Maschine am laufenden Band Schlagwörter und festgefahrene Sprüche produziert. Ich glaube, er versteht nicht, dass man die Dinge anders als er sehen kann. Und es tut mir leid, Ihnen das zu sagen, aber das Kapital seiner *Jungmannschaft* ist der Antisemitismus. Und der kommt besonders gut an in lutherischen Gegenden auf dem Land!"

„Das stimmt", musste ich zugeben, „und seinen Protestantismus muss er ständig in den Vordergrund stellen, was sowohl mich als auch viele meiner Freunde stört. Er hat übrigens eine Pastorentochter geheiratet ... Aber da fällt mir ein: Kennen Sie eigentlich den Pfarrer Jean Müller aus Duttlenheim? Ein waschechter Katholik! Ich glaube, er ist schon eine Weile tot. Auch er war für seine antijüdischen Schriften bekannt. Das muss Ende des letzten oder Anfang dieses Jahrhunderts gewesen sein."

Dann habe ich ein Buch dieses katholischen Pfarrers aus meiner Bibliothek hervorgekramt, in dem ich einige Sätze angestrichen hatte: „Wenn ein Volk in den Ruin getrieben wurde, dann deshalb, weil die Juden es in ihren Fängen hatten", oder: „Der Jude entwickelt sich auf Kosten der Menschheit, wie die Pilze und Flechten zum Schaden der Eiche", oder: „Die Juden sind für die Menschen das, was die Mücken, Wanzen und Fliegen im Fell des Hundes sind."

„Da haben wir ein Buch, an dem Bickler seine Freude hätte", sagte er, „er hat ja gerade vor, in den katholischen Gegenden Fuß zu fassen!"

Ich habe meinen Schwiegersohn darauf aufmerksam gemacht, dass die Bücher dieses Pfarrers immerhin den Segen seines Bischofs erhalten hatten ...

Ein andermal sind wir wieder auf den Hochmut der Protestanten zu sprechen gekommen. Ich habe ihm erklärt, inwiefern unsere Kultur besser im Einklang mit der modernen Zivilisation sei als die der Katholiken. Dass unsere Eliten in der Welt etwas ins Rollen gebracht haben, dass das Wort „Innovation" ein protestantisches Wort sei, weil allein schon das Wort „Elite" den Katholiken Angst mache.

„Sie haben Recht, Angst zu haben", hat er entgegnet, „denn die Eliten sind in der Lage eigenständig zu denken, sie kommen problemlos ohne Beichtvater aus. Die Eliten brauchen keinen Papst, der an ihrer Stelle denkt."

Ich mag meinen Schwiegersohn wirklich sehr. Er ist für mich zu dem Sohn geworden, den wir nie hatten.

Germaine G.

Straßburg, den 12. November 1938

Mein Familienname ist kein Staatsgeheimnis. Aber es muss ihn ja auch nicht jeder kennen. Die meisten Leute nennen mich Madame Germaine und das ist völlig ausreichend.

Ich muss sagen, das Restaurant, das ich seit mehr als dreißig Jahren führe, ist ein etwas spezieller Ort in der Stadt. Sie können dort, vor allem morgens, viele große und kleine Gauner antreffen. Die Gauner sitzen im vorderen Teil des Restaurants. Schon sehr früh am Tag trinken sie dort mehrere Kaffee-Schnaps. Sie sind in der Regel schweigsam.

Der hintere Teil ist den Anwälten vorbehalten, die oft stundenlang vor einer Tasse Kaffee sitzen bleiben und Zeitung lesen oder ohne Ende reden, reden, reden.

Mit den Gaunern verdiene ich Geld, das kann ich schon sagen. Mit den Anwälten viel weniger.

Mein Restaurant heißt „Le Tribunal“. Es ist ganz normal, dass es diesen Namen trägt, denn es befindet sich direkt neben dem großen Gerichtsgebäude der Stadt. Die Anwälte nennen es „die Fünfte“, weil das Gericht in vier Kammern unterteilt ist, und wenn sie mit ihren Verhandlungen fertig sind, dann treffen sie sich hier, in der fünften.

Unter der Woche sieht man hier so gegen acht Uhr morgens Typen in Handschellen unter strengem Geleitschutz vorbeiziehen; die werden dann vom Strafgericht oder vom Schwurgericht verurteilt. Sie kommen aus dem berühmten Gefängnis der Fadengasse, auf der anderen Seite des Flusses. Auf der Brücke begegnen sie Kindern, die zu der Schule gehen, die sich ganz in der Nähe des Gefängnisses befindet. Wenn die Männer in Handschellen hier am Fenster vorbeigehen, stehen die Gauner, die in meinem Restaurant sitzen, manchmal auf und laufen nach draußen, um ihren Kumpels Ermutigungen zuzurufen. Die freuen sich dann immer, wenn sie sehen, dass sie im Gerichtssaal Unterstützung bekommen werden. Also versuchen sie zu winken, aber sie können die Arme kaum heben, weil sie mit Handschellen an die der Polizisten gekettet sind, und die Polizisten mögen das gar nicht. Denn wenn sie damit einverstanden wären, mit den Gefangenen den Arm zu heben, könnten ja alle glauben, sie seien mit den Gaunern befreundet, die aus meinem Restaurant kommen.

In meinem Restaurant sprechen die Anwälte und die Gauner selten miteinander. Und wenn, dann immer in der vorderen Hälfte des Restaurants. Manchmal höre ich einen Anwalt zu seinem Klienten sagen: „Das können Sie so nicht sagen, sagen Sie lieber ..." Oft sehe ich einen Anwalt so diskret wie möglich Scheine unter dem Tisch zählen, die ein Klient ihm gerade zugesteckt hat.

Richter betreten so gut wie nie mein Restaurant. Von Zeit zu Zeit taucht mal ein Neuer auf, der noch nicht weiß, wer in meinem „Tribunal" verkehrt, und der mal kurz den Kopf zur Tür reinsteckt. Er muss den Unterschied zwischen meinem und seinem Tribunal aber instinktiv bemerken, wenn er die Gauner vorne und die Anwälte hinten sieht. Also zieht er sich schleunigst wieder zurück, so, als hätte er versehentlich die Tür zu einer Theatergarderobe geöffnet, in der sich halbnackte Schauspielerinnen aufhalten, oder die Tür zur Umkleide in einem Stadion, in der es nach Schweiß riecht.

Manchmal sitzen Männer ganz stumm und alleine an ihrem Tisch. Sie tun so, als würden sie Zeitung lesen, aber in Wirklichkeit lauschen sie, was man sich so erzählt. Es sind nie dieselben, aber ich erkenne sie auf den ersten Blick. Einige stellen mir übrigens ganz direkt Fragen zu diesem oder jenem Gauner, oder noch öfter fragen sie, was bestimmte Anwälte zum Thema Politik erzählen. Naja, ich passe gut auf, was ich sage, und was ich nicht sage. Wenn man ein Geschäft führt, vor allem ein Geschäft wie meins, dann muss man sich mit allen gut stellen, vor allem mit der Polizei.

In den letzten Tagen ist das Geschäft sehr gut gelaufen, weil das zwanzigjährige Jubiläum der Rückkehr nach Frankreich im November 1918 gefeiert wurde. Im Moment sind es nicht die Gauner und die Anwälte, mit denen ich Geld verdiene, sondern die Militärs, die Journalisten und was weiß ich wer noch, Leute, die für dieses Ereignis nach Straßburg gekommen sind. Und da die großen patriotischen und militärischen Veranstaltungen hier ganz in der Nähe stattgefunden haben, wurden bei mir riesige Mengen an Wein und Bier konsumiert. Ehrlich gesagt, ich glaube, dass ich seit dem Waffenstillstand von 1918 nicht mehr so viel Umsatz gemacht habe.

Sicher habe ich mich vor allem deshalb daran erinnert, was vor gerade mal zwanzig Jahren in der Stadt vor sich ging. Das war schon was, als der Krieg 1918 zu Ende war! Heute spricht man von den Menschenmassen, die in der ganzen Stadt außer Rand und Band waren. Es stimmt, die Leute waren wie verrückt. Aber ich war hier in der vordersten Reihe, als Zeugin von noch etwas ganz anderem. Während die roten Fahnen auf dem Münsterturm wehten, tagten die Arbeiter- und Soldatenräte im großen Saal des Gerichtsgebäudes. Und hier im Restaurant war natürlich ordentlich was los! Das Problem war, dass viele dieser Soldaten, die von der Front heimkehrten, zwar großen Durst hatten, aber kein Geld ...

Die meisten dieser Revolutionäre waren Deutsche. Also gab es viele Leute, die sagten: „Aber wir wollen Franzosen sein, diese Revolution, das ist wieder so ein Ding von den Deutschen, die bei uns das Gleiche machen wollen wie in vielen deutschen Städten! Das ist nichts für uns!"

Während dieser Zeit des Umbruchs und des Aufruhrs gab es einen Mann, der jeden Tag ins Restaurant kam. Es war ein Arzt der deutschen Armee. Erst war ich misstrauisch, weil er einen Notizblock hatte, in den er ständig etwas notierte. Ich habe mich gefragt, ob er nicht von der Polizei oder sowas ist. Aber mein Mann hat gesagt: „Ach was! Einer von der Polizei tut so, als würde er seine Zeitung lesen, das weißt du doch, der würde sich nicht in aller Öffentlichkeit Notizen machen!"

Es stellte sich heraus, dass dieser Arzt einen Teil des

Krieges im Militärkrankenhaus von Haguenau verbracht hatte, und bevor er zurück nach Berlin fuhr, wollte er noch diese ganzen Debatten im großen Gerichtssaal verfolgen. Und dann hat mir eines Tages jemand gesagt, dass dieser Arzt Alfred Döblin heißt und dass er nach dem Krieg in Deutschland ein berühmter Schriftsteller geworden ist.

Heute Morgen haben alle Rechtsanwälte die *Straßburger Neuesten Nachrichten* gelesen. Normalerweise überfliegen sie bloß die Überschriften, aber diesmal haben sie alles gelesen. Am Tisch herrschte ungewöhnliches Schweigen. Auf der ersten Seite der Zeitung war ein großer Artikel über die patriotischen Veranstaltungen in Straßburg. Aber ich glaube nicht, dass sie diesen Artikel gelesen haben, darüber wussten sie ja alles. Sie haben den Artikel unten auf der Seite gelesen. Für mich beginnt der Tag immer morgens um sechs mit Zeitunglesen, bevor ich mein Restaurant aufmache, also habe ich diesen Artikel schon gelesen. Da steht, dass es in Berlin und den meisten deutschen Städten einfach so weitergeht mit all diesen Dingen gegen die Juden. Alle jüdischen Geschäfte sind eins nach dem anderen geplündert worden und die Synagogen sind alle in Flammen aufgegangen. Im selben Artikel steht auch, dass die Konzentrationslager in ganz Deutschland überfüllt sind.

Unter den Anwälten gibt es auch ein paar Juden. Ihnen war wohl angst und bange. Einer von ihnen hat gesagt, dass er von deutschen Juden gehört hat, dass sie nach Frankreich flüchten wollen, weil sie in Deutschland misshandelt worden sind, dass sie aber von den französischen Grenzbeamten abgewiesen worden sind. Und das stimmt wohl, das habe ich auch in der Zeitung gelesen. Irgendwann ist Bickler gekommen. Da sind alle verstummt. Er hat sich an einen Nachbartisch gesetzt. Er weiß ja, dass die Leute verstummen, sobald er reinkommt. Das habe ich dem Herrn von der Polizei gesagt. Aber ich habe ihm auch gesagt, dass Bickler das wohl ganz gern mag. Es gibt so Leute, die es mögen, wenn man vor ihnen Angst hat. Ich glaube, Bickler gehört zu denen. Der Herr von der Polizei, der immer kommt, um Zeitung zu lesen, hat gemeint, ich habe sicher Recht. Bickler mag es, dass man ihn nicht mag, weil er überzeugt ist, dass er es ist, den man eines Tages mögen wird. Das hatte ich dem Herrn von der Polizei erzählt; er hat nicht notiert, was ich ihm erzählt habe, aber er hat mich seltsam angesehen. Einmal hat sich Bickler zu seinen Kollegen umgedreht und gesagt:

„Ich hoffe, Sie lesen auch, dass ‚trotz der Aufforderungen von Dr. Goebbels, Ruhe zu bewahren, die Zerstörung am Abend weitergegangen ist …‘. Man muss doch verstehen, dass die Polizei überfordert war und dass das deutsche Volk sich im neuen Deutschland zu Wort meldet. Und wenn das Volk sich zu Wort meldet, muss man auf das Volk hören. Es ist ja klar, dass das Volk hier mit unserem vergammelten parlamentarischen System und mit diesen ganzen Freimaurern und … naja, mit diesen ganzen Freimaurern eben hat das Volk nichts zu sagen."

Seine sonst so gesprächigen Kollegen haben geschwiegen. Sie haben ihren Kaffee gezahlt und sind einer nach dem anderen gegangen. Als er allein war, hat Bickler zu mir gesagt:

„Madame Germaine, wissen Sie, dass wir ohne unseren Kanzler Hitler mittlerweile im Krieg wären? Sie haben doch sicher genau wie ich die *Straßburger Neuesten Nachrichten* am Tag nach dem Münchner Abkommen gelesen. Es war nicht die Rede vom ‚Münchner Abkommen', sondern vom ‚Wunder von München ...' Damals haben meine Kollegen nichts gesagt ... Und jetzt machen sie wegen ein paar abgebrannten Synagogen und ausgeraubten Läden so ein Theater. Ganz ehrlich, was halten Sie davon, Madame Germaine?"

Wenn mir jemand so direkt eine politische Frage stellt, stoße ich meistens einen tiefen Seufzer aus, räume die Tische ab, gehe Richtung Theke und sage nur *„ja do ... ja do ... ach herrjeh!"*

Die meisten Leute glauben, dass es ganz leicht ist, ein Restaurant zu führen. Sie irren sich. Sie irren sich total. Wirt sein ist ein schwieriger Beruf. Ein sehr schwieriger. Vor allem, wenn alle um Sie herum halb verrückt werden.

Hermann Bickler, ehemaliger Straßburger Rechtsanwalt, Oberst der SS

Paris, Botschaft des Deutschen Reiches, Herbst 1943

Gerade hat Louis Ferdinand Destouche, den alle unter seinem Schriftstellernamen Céline kennen, mein Büro verlassen, das sich in der Deutschen Botschaft von Paris in der rue de Varenne befindet. Ich habe ihm den Waffenschein ausgehändigt, den er verlangt hat. Er fühlt sich von den Gaullisten bedroht!

Als er das erste Mal am Eingang der Botschaft aufgetaucht ist, hat der Wachposten einen Schreck bekommen: Er fragte sich, ob er es nicht mit einem Terroristen zu tun hätte. Jetzt, wo jeder im Haus ihn kennt, ist es kein Problem mehr. Aber es stimmt schon: Als wir ihn das erste Mal in seinem Schafsfellmantel hier von seinem Motorrad haben steigen sehen, da haben wir uns so unsere Gedanken gemacht.

Mittlerweile verbringe ich öfter mal den Abend mit ihm in seiner Wohnung am Montmartre. Über den Stil seiner Wohnung kann ich wohl sagen, dass er das genaue Gegenteil von dem unserer Büros in der Deutschen Botschaft ist, und ich glaube, jeder würde verstehen, was ich meine! Aber die Gespräche mit ihm sind faszinierend. Ich erinnere mich, dass ich früher einmal eine Kritik über seinen Roman *Reise ans Ende der Nacht* für eine Straßburger Zeitung geschrieben habe. Ich hätte damals nie gedacht, dass dieser Céline einmal mein Freund werden könnte, und zwar in Paris, in einem Frankreich, das wir Deutschen befreit haben. In einem Frankreich, das von Juden, von Bolschewisten und von Freimaurern befreit ist.

Es fällt mir manchmal schwer, mir bewusst zu machen, wie rasant sich die Geschichte Europas entwickelt. Sie ging mit meinem eigenen Lebenslauf einher. Was nicht alles passiert ist, seit diesen Zwanziger- und Dreißigerjahren, in denen ich mit meinen Kameraden für die Würde und Freiheit unseres elsässischen Volkes gekämpft habe. Diese Freiheit, die hat uns das Deutschland Adolf Hitlers geschenkt.

Als der Krieg ausbrach, war ich unter den siebzehn Autonomisten, die vom französischen Staat festgenommen und in Nancy inhaftiert wurden. Im Februar 1940 wurde unser Chef, Karl Roos, in Nancy von den Franzosen erschossen, weil er mit der Gestapo kollaboriert hatte. Heute heißt der ehemalige place Kléber *Karl Roos Platz*. Das war ihm das Elsass auch schuldig!

In unserem Gefängnis in Nancy träumten wir alle von einem deutschen Sieg. Aber wir wagten nicht, ihn uns so grandios und vollkommen zu erträumen, wie er letztlich wurde, als wollten wir durch diesen Sieg der Welt zeigen, dass ein Kapitel der Menschheitsgeschichte innerhalb weniger Wochen vorbei war. Im Mai 1940 haben sie uns schleunigst in den Süden Frankreichs verlegt, weil die deutschen Truppen immer weiter vorrückten. Und von da an glaubten wir felsenfest an den deutschen Sieg. Hinter der Fieberhaftigkeit unserer Gefängniswärter spürten wir schon die bevorstehende Niederlage, das heißt, den Sieg natürlich, *unseren* Sieg!

Den 14. Juli 1940 haben wir noch im Gefängnis verbracht. Aber von unseren Zellen aus hörten wir weder Marseillaise, noch Tanzmusik ... Am nächsten Tag wurden wir von einem Sondertrupp der Wehrmacht befreit. Drei Tage später haben wir von Drei Ähren aus einen feierlichen Appel an den Kanzler Adolf Hitler gerichtet, um ihn zu bitten, Elsass-Lothringen an das Großdeutsche Reich anzuschließen.

Die feierliche Veranstaltung, bei der ich vom Reichsführer Himmler persönlich in die SS aufgenommen wurde, ist die schönste Erinnerung meines politischen Lebens. Das war am 6. September 1940. Ich wurde sofort zum Präfekten und Parteivorsitzenden in Straßburg ernannt.

Als Erstes habe ich die evakuierte Bevölkerung heimgeholt und ihnen gleich bei ihrer Ankunft am Straßburger Bahnhof gezeigt, dass sie selbstverständlich ihre liebe altbekannte Stadt wiederfinden, das Rad der Geschichte sich im Elsass jedoch auf spektakuläre Weise weitergedreht hat. Meine Parteikollegen und ich waren uns einig, dass das *Franzosentum* restlos ausgelöscht werden sollte. Wir würden innerhalb weniger Jahre das umsetzen, was die beiden Kaiser Wilhelm in fünfzig Jahren *Reichsland* nicht zustande gebracht hatten.

Wenn ich auf der Rückbank meines Dienstwagens durch die Stadt fuhr und sah, dass es dort nirgends mehr französische Schilder gab, dass auf dem Karl Roos Platz deutsche Soldaten umhergingen, die den Hitlergruß machten, wenn sie mein Auto sahen, hatte ich manchmal das Gefühl zu träumen. Wie weit zurück doch die Zeit lag, als die Mehrzahl meiner Kollegen mir mit Misstrauen begegnete, als es Scherereien mit der Polizei dieser vergammelten Republik gab, die nun innerhalb weniger Wochen völlig untergegangen ist …

Ich war immer der Meinung, dass die Elsässer in die *Wehrmacht* eingezogen werden sollten. Ich dachte mir immer, dass das die logische Konsequenz ihrer Integration in das Großdeutsche Reich sein würde und dass durch den Einzug ihr Zugehörigkeitsgefühl zur großen germanischen Nation verstärkt würde. Allerdings teilten nicht alle in meinem Umfeld meine Meinung. Für die einen gab es da ein juristisches Problem: Die Elsässer hatten noch immer die französische Staatsangehörigkeit und die meisten von ihnen hatten in der französischen Armee gedient. Die anderen meinten, man könne diesen *Wackes*[1] nicht trauen, sie würden niemals gute deutsche Soldaten werden und es bestehe die Gefahr, dass sie sich samt und sonders der Einberufung widersetzen würden. Der Generalstab in Berlin war angeblich sehr zögerlich, denn die höheren Offiziere hatten alle im Ersten Weltkrieg gedient. Sie hatten Elsässer in ihren Einheiten gehabt und waren überwiegend der Meinung, dass es unmöglich sei, aus ihnen wirkliche Deutsche zu machen. Insbesondere unser *Führer* war wohl auch dieser Meinung.

Als wir die Räumlichkeiten der Straßburger Polizei

---

1 Wackes : altes Schimpfwort für die Elsässer

in Besitz genommen haben, stellten wir erfreut fest, dass die französische Polizei sämtliche Daten zurückgelassen hatte: über politische Aktivisten, über Freimaurer und über Männer, die Stammgäste in für Männer reservierten Etablissements waren. Ich war erstaunt, unter den Freimaurern nicht den Namen Ernest Schmitt zu finden. Vor dem Krieg war ich felsenfest davon überzeugt, dass er diesem Gesindel angehörte. Stattdessen entdeckte ich ihn zu meiner großen Überraschung auf einer anderen Liste. Nämlich auf der, die einige Persönlichkeiten der Stadt aufführte, die an einem sehr speziellen Ort gesehen worden waren, einem Ort, der dafür bekannt war, ein Treffpunkt für Homosexuelle zu sein.

Ich war ehrlich gesagt erstaunt, dass er nach dem Waffenstillstand wieder ins Elsass zurückgekommen war. Ich bin mir sicher, dass die Familie seiner Frau ihm keine Wahl gelassen hat. Dieser Typ steht völlig unter der Fuchtel seines Schwiegervaters, es mangelt ihm ganz und gar an Persönlichkeit und Charakterstärke.

Wie wir mit Schwulen umgehen, ist klar festgelegt, und schwule Elsässer werden in der Regel zu einem Umerziehungskurs ins Lager Schirmeck eingeliefert, wo sich Buck angemessen um sie kümmert. Für Ernest Schmitt habe ich mir eine subtilere Methode überlegt. Nach einer Sitzung bei Gericht, bei der ich den deutschen Richtern, aber vor allem auch den elsässischen Rechtsanwälten, im Namen der Gestapo den neuen Kurs der Justiz erklärte, habe ich wohl gesehen, dass Schmitt zum Ausgang eilte. Ich habe ihn eingeholt und wie ganz nebenbei zugeflüstert:

„Ich wusste gar nicht, geschätzter Kollege, dass Sie vor dem Krieg gewissen Gewohnheiten nachgingen, an Orten, die es heute glücklicherweise nicht mehr gibt ..."

Das Entsetzen, das ich daraufhin für einen Moment in seinem Gesicht erblickte, war für mich wie die wahre Rache dafür, dass dieser Schnösel mich vor dem Krieg mit seiner arroganten, selbstgefälligen Art gedemütigt hatte.

Vor ein paar Monaten habe ich ihn wiedergesehen. Er ging gerade vom Restaurant „Le Tribunal" zum Gericht, mit einem Stapel Akten unterm Arm. Ich habe meinen Chauffeur gebeten, langsamer zu fahren. Dann habe ich die Scheibe heruntergelassen, durch das offene Autofenster den Hitlergruß gemacht und „Heil Hitler, Kollege Schmitt!" gerufen. Er hat sich halb umgedreht und kaum merklich den Arm gehoben, so als würde er jemanden von Weitem grüßen. Die Angst hatte definitiv die Seiten gewechselt. Hier, vor dem Gerichtsgebäude, genoss ich meinen Sieg ganz besonders, hier, wo meine Kollegen vor zwei Jahren, am Tag nach der Reichskristallnacht, das Café bei meiner Ankunft verlassen hatten, als hätte sich ein Leprakranker ihrem Tisch genähert.

Nun wurde Ernest Schmitt in die Wehrmacht eingezogen. Mittlerweile dürfte er auf dem Weg an die Ostfront sein. Das wird ihm seine neureichen Manieren austreiben. Dort wird er anderes zu tun haben, als Fliegen in einem Glas Riesling schwimmen zu lassen, wie er es einmal in meiner Gegenwart getan hat. Für einen Kerl wie ihn wird die Einberufung in unsere große Armee einen doppelt positiven Einfluss haben. Er wird sich endlich mal wie ein Mann, wie ein echter Mann fühlen, und endgültig auch wie ein Deutscher.

Die Entscheidung im vergangenen August, die Elsässer in die Wehrmacht und in die SS einzuziehen, habe ich wie einen persönlichen Triumph erlebt. Wir mussten damals unsere Truppenstärke an der Ostfront ausbauen. Elsässer an die Westfront zu schicken, war sowieso ausgeschlossen. Vom Ersten Weltkrieg hatten wir gelernt, dass Elsässer systematisch desertierten, wenn sie an einer französischen Front kämpfen mussten. Diesmal würde uns das nicht mehr passieren.

Ich hatte mich selbst als Freiwilliger für die Ostfront gemeldet, aber dann wurde ich zum Chef des VI. Büros des Sicherheitsdienstes in Paris ernannt. Insbesondere ist es nun meine Aufgabe, eine Sonderpolizeieinheit für den Anti-Terror-Kampf auszubilden, die nur aus Franzosen besteht. Ich bilde unsere zukünftigen Mitarbeiter im Anti-Guerilla-Kampf, aber vor allem auch in den Verhörmethoden aus, einem Gebiet, in dem wir umfangreiche Erfahrungen gesammelt haben. Die Straßburger Gestapo hat unter meiner Leitung in diesem Bereich gute Arbeit geleistet und unsere Lager im Breuschtal werden in puncto Effizienz von Berlin als vorbildlich angesehen.

Schnurtzi

Straßburg, den 1. September 1945

Ich bin froh, dass wir wieder Frieden haben. Ich bin froh, dass in der Familie meines Herrn alle am Leben sind. Und ich bin froh, wieder die ganze Woche das Klappern der Schreibmaschinen zu hören.

Mein Herr ist gerade dabei, Kollaborateure vor der Zivilkammer und den Militärgerichten zu verteidigen. Sein Schwiegersohn ist so angewidert vom Krieg und dieser ganzen Zeit, dass er mit diesen Leuten nichts mehr zu tun haben möchte. Er wird sich im Bereich Kriegsschäden spezialisieren, und ich glaube, das ist eine gute Wahl. Er hat schon ziemlich bedeutende Fälle an Land gezogen, und wenn ich das richtig verstanden habe, sind das welche, die ordentlich Geld einbringen.

Auch für mich war dieser Krieg eine schwere Zeit. Los ging es im September 1939, als sie die Stadt evakuiert haben. Als mein Herr alle Fensterläden der Kanzlei geschlossen hat, habe ich sofort verstanden, dass etwas Ungewöhnliches vor sich ging. Denn das hatte er, seit ich an die Wand gehängt wurde, noch nie getan. Bevor er das Büro verließ, hat er mir sogar zwei oder drei freundschaftliche, aber traurige Klapse auf meinen Rüssel gegeben. Und dann sind plötzlich alle ganz schnell gegangen. Ich war monatelang mutterseelenallein in diesem dunklen Büro. In dem Haus hier und in der Stadt war es mucksmäuschenstill. Man hörte überhaupt nichts mehr: keine menschlichen Stimmen, kein Hupen, keine Straßenbahn, keine Glocken ... Wenn nicht in manchen Nächten das Jaulen von rolligen Katzen zu hören gewesen wäre, hätte ich das Gefühl gehabt, wieder in meinen riesigen stillen Wäldern aus meinem vorigen Leben in Lichtenthal zu sein. Zumal man außer den Katzen morgens und abends auch noch den Gesang der Vögel hörte, wie in meinem Wald; die Vögel waren auch dageblieben.

Und dann war eines Tages ein wahnsinniger Radau von Motorengeräuschen auf der Straße zu hören. Das mussten die Deutschen gewesen sein. Das war wohl so Anfang des Sommers 1940. Aber die Büros sind danach noch mehrere Monate lang leer geblieben; bis ich eines schönen Tages einen Schlüssel im Schloss gehört habe. Sofort habe ich die Stimmen meines Herrn und seines Schwiegersohns erkannt. Mein Herr ist durch alle Räume gegangen und nach einer Weile hat er gesagt:

„Alles in Ordnung. Ich glaube, es ist alles noch da, nicht wahr." Und dann hat sein Schwiegersohn etwas gesagt, was mich sehr berührt hat:

„Und Schnurtzi ist auch noch da. Er scheint sogar sehr froh zu sein, uns wiederzusehen!"

Das stimmt, ich war wirklich froh.

Eines Abends, im November oder Dezember 1942, bin ich Zeuge einer heftigen Auseinandersetzung zwischen meinem Herrn und seiner Tochter Alice geworden, die normalerweise nie einen Fuß in die Kanzlei setzte. Ich denke, sie waren hierhergekommen, weil die Aussprache, die sie an diesem Abend hatten, wohl weder im Haus meines Herrn noch in dem seiner Tochter stattfinden konnte. Alice war sehr wütend auf ihren Vater:

„Ernest wollte nicht ins Elsass zurückkehren, solange die Deutschen da sind. Wir hätten einfach in Périgueux bleiben können! Aber du hast darauf bestanden, dass wir alle zurückkommen. Du hast gesagt, dass die Deutschen jetzt sowieso die Führer Europas sind und dass das Leben in Périgueux zu hart für uns sei. Und du hast zu Ernest gesagt, dass man die Kanzlei nicht so einfach Fremden überlassen darf, die möglicherweise in allen Akten rumschnüffeln. Und dass ihr beide eine persönliche Verantwortung euren Klienten gegenüber habt, und dass Hitler die Elsässer sowieso niemals in die Wehrmacht einziehen würde."

„So hatte es geheißen, und damals gab es auch allen Grund, das zu glauben", entgegnete ihr Vater.

„Aber Ernest hatte dir doch gesagt, dass er ihnen nicht traut. Er hatte Recht. Und nun sitzt er in der Falle. *Du* wirst nicht in die Wehrmacht eingezogen. Du bist zu alt. Aber er wird schon in den allernächsten Tagen los müssen. Er macht sich Vorwürfe, weil er zurückgekommen ist, und er macht *mir* Vorwürfe, weil ich auf dich gehört habe. Hättest du uns nicht ein einziges Mal in unserem Leben alleine entscheiden lassen können?"

Dann ist sie gegangen und hat die Tür hinter sich zugeknallt. Mein Herr ist noch lange still und regungslos in seinem Sessel sitzengeblieben. Ich konnte deutlich sein Atmen hören, das mir heftiger als sonst vorkam. Jetzt beobachte ich ihn schon seit zehn Jahren, und noch nie ist er auf diese Weise an seinem Schreibtisch sitzengeblieben.

Und dann ist etwas Unglaubliches geschehen. Was ich Ihnen nun anvertrauen werde, ist wirklich passiert. Ich schwöre, dass ich nichts erfunden habe. Plötzlich hat er angefangen zu weinen, wie ein kleines Kind. Rechtsanwalt Gaston Schmidt, mein Herr und Meister, der mich getötet und ausstopfen hat lassen, der Mann, den ich so verehre, fing vor meinen Augen an zu weinen. Diesen Anblick konnte ich kaum aushalten. Ich hätte mich gerne abgehängt, um ihn zu trösten. Aber ich war zu gut an der Wand befestigt. Diese Tränen waren für mich unerträglich und ich litt schrecklich darunter, dass mein Zustand es mir nicht ermöglichte, auch zu weinen, was mir sicher gutgetan hätte. Schließlich hat er mit einem geräuschvollen Schniefen aufgehört und hat sich geschnäuzt. Dann hat er tief geseufzt, ist aufgestanden und hat das Büro verlassen. Es war schon tiefe Nacht, die letzten Trambahnen waren bereits vor längerer Zeit abgefahren.

Die ersten Bomben, die auf die Stadt abgeworfen wurden, haben mich zu Tode erschreckt. Aber da die Bombardierungen sich wiederholten, habe ich mich daran gewöhnt. Das Ritual war immer dasselbe: heulende Sirenen, Geschrei der Hausbewohner, die sich beeilten, in den Keller zu kommen, und dann irgendwo, meistens weit weg von hier, Bomben, die die Erde beben ließen. Ich war mir sicher, dass unser Viertel verschont bleiben würde. Es war ein Irrtum. In einer Nacht ist eine Bombe ganz in der Nähe unseres Hauses eingeschlagen. Und ich bin dabei von der Wand und auf den Sessel meines Herrn gefallen, der in tausend Stücke zerbrochen ist.

Es war schrecklich für mich. Es war, als hätte man mich ein zweites Mal niedergeschossen! Das erste Mal hatte ich nicht damit gerechnet, und diesmal war es genauso. Als mein Herr mich am nächsten Morgen entdeckt hat, hat er eine seltsame Bemerkung gemacht. Eine Bemerkung, die ich übrigens nicht ganz verstanden habe, weil sie zum Teil auf Latein war, einer Sprache, die ich nicht beherrsche:

„Wenn ich in dem Moment an meinem Schreibtisch gesessen hätte, als er runtergefallen ist, nicht wahr, dann hätte mir Schnurtzi das Rückgrat gebrochen. Das wäre doch eine schöne Rache gewesen für ihn. Eine Art Vergeltungsschlag, nicht wahr, ein Vergeltungsschlag *post mortem*!"

Dann hat er mich vorläufig gegen einen Stapel Akten gestellt. Ich war gar nicht schön anzusehen. Meine Kriegsverletzungen hatten mich völlig entstellt. Ich hatte ein Auge und einen von meinen gebogenen Hauern verloren, auf die ich doch so stolz war, und über die mein Herr sagte: „Sehen Sie diese gebogenen Hauer? Sie sind das Zeichen, dass er ein sehr alter Keiler war." Außerdem war auch noch das Pappmaché zerbröckelt, mit dem der Präparator meinen Rüssel rekonstruiert hatte! Glücklicherweise konnte mein Herr seinen Präparator, das heißt, wohl eher meinen Präparator, wieder ausfindig machen. Er kam mich vor Ort untersuchen. Der Rüssel, hat er diagnostiziert, ist kein Problem. Und den Hauer könnte man, wenn man ihn nicht wiederfindet, von einem Zahntechniker nachbilden lassen.

Was allerdings das Auge anging, was verschwunden war, so war die Sache nicht so einfach. Zu jener Nachkriegszeit war es sehr schwierig, Kunstaugen aufzutreiben. Er hatte zwar aus Vorkriegszeiten noch welche auf Lager, aber nie zwei gleiche.

Dann haben die beiden, mein Herr und mein Präparator, auf allen Vieren die Teppiche angehoben und die Möbel verschoben. Aber umsonst. Wo nur diese Teile gelandet sein könnten? Ich weiß es auch nicht. Ich kann mich an nichts erinnern. Ich weiß nur, dass ich von weit oben runtergefallen bin und dass ich den Sessel zertrümmert habe, das ist alles.

Nun habe ich zwei ungleiche Augen, sodass man den Eindruck hat, ich schiele. Und die Leute, die mich betrachten, sagen, dass mein vom Zahntechniker geformter Hauer eine perfekte Kopie von dem echten ist, den ich noch habe. Nur dass er anscheinend etwas heller ist. Aber ich kann mich nicht beklagen. Ich weiß, dass es während dieses Krieges weitaus schlimmere menschliche Tragödien gegeben hat, als die paar Wehwehchen eines Schnurtzi.

Die spektakulärste Folge dieses Krieges war für mich letztendlich, dass mein Herr mich nicht mehr hinter sich aufgehängt hat, sondern gegenüber. Er hat keine wirkliche Erklärung dazu abgegeben, zumindest nicht in meiner Gegenwart. Aber ich glaube, dass er Angst hatte, ich könnte auf ihn drauffallen oder irgend sowas. Für mich ist die Veränderung jedenfalls erheblich. Denn alles ist ja eine Frage des Blickwinkels. Jetzt sehe ich ihn von vorne und nicht mehr seinen kahlen, glänzenden Schädel von hinten. Ich finde, er ist älter geworden.

Er ist zwar nicht im Krieg gewesen, wie sein Schwiegersohn. Aber trotzdem, ich könnte gar nicht genau sagen, warum, aber er ist nicht mehr derselbe. Er ist geistig müde. Und ich nehme an, er würde gerne Großvater werden, aber die Jahre gehen dahin, und es tut sich nichts …

Gaston Schmidt

Straßburg, den 13. Juli 1948

Die Akte Knieperlé gegen Spuck hatte den Ersten Weltkrieg überlebt. Sie würde auch den Zweiten überleben. Wenn die ganze Welt in Aufruhr ist, ruhen solche Geschichten einfach nur. Und dann, kaum ist der letzte Kanonenschuss verhallt, keimen sie von Neuem auf und werden von ungeahnt fruchtbaren Reibungsfeldern neu entfacht – sofern alle Protagonisten noch am Leben sind. Ich glaube sogar, dass sie mit neuer Kraft aus ihrem Winterschlaf erwachen.

„Stellen Sie sich vor", hatte Madame Knieperlé wenige Tage nach dem Waffenstillstand zu mir gesagt, „stellen Sie sich vor, die amerikanischen Bombenangriffe im letzten Dezember haben das Haus und die Scheune von Spuck völlig zerstört, und bei uns ist alles noch heil!" Sie versuchte erst gar nicht, ihre Freude zu verbergen. Es war, als hätten diese Bomben innerhalb weniger Minuten all die Unzulänglichkeit und Langsamkeit des Justizapparates wiedergutgemacht. Dann fuhr sie fort: „Nur eine Ecke unserer Scheune wurde beschädigt, als seine zusammengestürzt ist. Aber da muss man etwas machen, Herr Schmidt, Krieg oder nicht, das ist nicht unser Problem. Seine Scheune hat unsere beschädigt, der Rest geht uns nichts an."

Und dann hat sie mir etwas über ihren Nachbarn anvertraut, was unbedingt unter uns bleiben sollte. Ich habe ihr versichert, dass uns außer Schnurtzi niemand hören kann. Noch war es ein Geheimnis, aber sie war überzeugt, dass die Wahrheit irgendwann ans Licht kommen würde. Sie war sich so gut wie sicher: Spuck hatte während des Krieges *geschweewelt*, anders gesagt, er hatte kollaboriert. Sie hatte also nur ihre Bürgerpflicht als gute Französin getan, indem sie den Fall den Behörden gemeldet hatte. Selbstverständlich ohne ihren Namen zu nennen. Denn sie wollte ja nicht noch größere Schwierigkeiten mit diesem Spuck bekommen. Davon hatte sie weiß Gott genug!

Vor dem Krieg war es immer mein Schwiegersohn gewesen, der sich um die Akte Knieperlé kümmerte. Er behandelte jeden Fall mit großer Ernsthaftigkeit und nahm sich viel Zeit dafür. Er sagte, dass ihn diese Fälle an die Streitigkeiten erinnerten, die sein Vater mit seinem Nachbarn im Sundgau hatte. Er fragte sich immer, welche Verletzungen, Demütigungen und Frustrationen sich wohl hinter all diesen Geschichten von Grundstücksgrenzen, Beschimpfungen und Wegerechtsstreitigkeiten verbargen, die das Leben der Menschen vergifteten und ihren Anwälten gutes Geld brachten.

Doch nach dem Krieg habe *ich* Madame Knieperlé empfangen. Mein Schwiegersohn war gerade aus der Gefangenschaft heimgekehrt. Er war sehr abgemagert und deprimiert, und er hätte eine pummelige Madame Knieperlé nicht ertragen, die ihre Energie aus den immer gleichen kleinen Feindseligkeiten schöpfte, während in den Zeitungen die Fotos von Überlebenden aus den Todeslagern zu sehen waren.

Meine Tochter hat es mir nie verziehen, dass ich die Familie im Herbst 1940 nach Straßburg zurückgeholt habe. Auch wenn sie nie mehr darüber spricht, ich spüre sehr wohl, dass sie sich von mir entfernt hat, seit jener Nacht in meinem Büro, kurz bevor ihr Mann nach Russland aufbrach. Und mit Ernests Heimkehr sind die Dinge auch nicht wieder ins Lot gekommen. Er ist nicht mehr derselbe. Etwas in ihm ist erloschen, als würde er das Leben verabscheuen. Als man ihn als Pflichtverteidiger für Kollaborateure einsetzen wollte, sagte er: „Alles, was Sie wollen, aber nicht die, mit diesen Leuten will ich nichts zu tun haben!“ Eigentlich kann ein Anwalt keine Pflichtverteidigung ablehnen, doch der Präsident der Anwaltskammer konnte Ernests Reaktion gut verstehen. Sein jüngster Sohn war nicht aus Russland heimgekehrt.

Vor dem Krieg haben meine Frau und ich sehnlichst darauf gewartet, dass Alice schwanger wird. Heute denken wir kaum noch daran. Das Leben hier ist grau geworden ...

Madame Knieperlé fängt an, mir gehörig auf die Nerven zu gehen. Neulich konnte ich mich nur beherrschen, indem ich mich auf meine christlichen Werte wie die Nächstenliebe besann ... und natürlich auf meine wirtschaftlichen Interessen; in Gedanken hatte ich ihr schon eine hohe Anzahlung für die Eröffnung eines neuen Verfahrens wegen der Scheune in Rechnung gestellt. Aber schließlich habe ich den Betrag dann doch etwas niedriger angesetzt, denn am Ende unseres Gesprächs hat sie ein großes Stück geräucherten Speck aus ihrer Tasche geholt.

Ein paar Tage später kam sie wieder, ganz außer Atem und ohne Terminvereinbarung:

„Ach, Herr Schmidt, Sie würden nie erraten, was mir passiert ist: Ich wurde von der Polizei vorgeladen, weil man mich verdächtigt – *mich*, Frédérique Knieperlé! –, *geschweewelt* zu haben! Daraufhin habe ich ihnen sofort den Gerichtsbeschluss vor die Nase gehalten, der beweist, dass wir 1919 einen a*ccent aigü* bekommen haben. Wenn ich nur daran denke, wie teuer uns unser *accent aigü* bei den Deutschen zu stehen gekommen ist! Die Gestapo hat uns deshalb sogar mehrere Stunden eingesperrt, meinen Mann und mich. Die wollten unbedingt wissen, warum wir diesen *accent* haben wollten. Ich habe ihnen gesagt, dass wir ihn deshalb beantragt hatten, weil uns das Verfahren nichts gekostet hat. Dass Rechtsanwalt Schmidt, der Sohn des Pastors von Blaeswihr, ihn uns gratis gegeben hatte, diesen *accent*. Ich kann Ihnen sagen, diesem Polizisten, der uns verdächtigt, dem habe ich aber die Meinung gegeigt! Ich habe ihm meine Papiere gezeigt, in denen mein Name steht: Frédérique Knieperlé. Und dann habe ich ihn gefragt, ob er wohl viele Elsässer kennt, die wie ich drei *accents aigüs* in ihrem Namen haben. Darauf hat er nichts geantwortet. Später habe ich verstanden, warum: Dieser Polizist heißt Paul Umdenstock! Der hat sich doch ganz schön lächerlich gemacht, oder? Was glauben Sie, Herr Rechtsanwalt, wer hat uns wohl angezeigt?“

„Wahrscheinlich Spuck, ich wüsste nicht, wer sonst …“

„Ich werde meinem Mann ausrichten, was Sie gesagt haben. Er wird sich freuen zu hören, dass Sie das Gleiche wie er denken. Spuck hätte ja 1919 seinen Namen genauso französisieren können. Er hätte doch beantragen können, Spouque zu heißen, oder? Nun ja, neulich habe ich gehört, dass es Elsässer gibt, die Hitler heißen. An ihrer Stelle würde ich meinen Namen ändern lassen, auch wenn mich das etwas kosten sollte. Na ja, das ist allerdings vielleicht schwieriger, als nur einen *accent aigü* hinzufügen zu lassen, dafür kenne ich das Gesetz nicht gut genug.“

Germaine G.

Restaurant „Le Tribunal", Straßburg, Sommer 1948

Es ist immer das Gleiche, wenn ein Krieg zu Ende ist.

Ich habe das schon im November 18 erlebt. Und im Mai 45 war es das Gleiche. Die Leute sind glücklich und wollen feiern, einen ausgeben, aber ihre Taschen sind leer. Ich will ja gerne die eine oder andere Runde spendieren, aber wenn die Rechnung der Brauerei kommt, zahle *ich* und nicht die Kunden.

Immerhin, ich kann mich ja glücklich schätzen, dass das Haus noch steht, in dem sich mein Restaurant „Le Tribunal" befindet. Denn so ziemlich überall um uns herum sind anstelle von Häusern nur noch riesige Schutthaufen da.

Als der Krieg zu Ende ging, waren die Leute glücklich, habe ich gesagt. Das stimmt zwar, aber gleichzeitig spürt man auch große Trauer und Angst in den Köpfen vieler Menschen; weil so viele Leute in Russland gefallen sind, und wegen all denjenigen, von denen man keine Nachricht hat.

Ich kann auf den ersten Blick sagen, ob ein Mann, der in mein Restaurant kommt, bei der Wehrmacht war. Gleich nach dem Krieg habe ich das vor allem daran erkannt, dass er so abgemagert war. Jetzt sehe ich es an seinem Blick. Diese Männer haben alle etwas Verzweifeltes in ihren Augen. Ganz besonders spüre ich es bei Jungs, die kaum 20 Jahre alt sind. In meiner Familie gibt es einige davon. Es ist, als würden sie ständig die gleiche Frage stellen: Warum konnte ich nicht normal aufwachsen, warum musste ich Dinge sehen, die kein Mann, keine Frau jemals sehen sollte …

Den Anwalt Ernest Schmitt habe ich sofort an seinem üppigen schwarzen Haarschopf wiedererkannt, als er das erste Mal wieder ins Restaurant kam. Aber meine Überraschung darüber, wie dünn er war, ist ihm nicht entgangen. Er hat mir sehr lange die Hand gedrückt, als wollte er mir sagen: „Ich habe Ihr Erstaunen gesehen, das ist normal, alle reagieren so wie Sie. Ich habe zwanzig Kilo abgenommen, das ist nicht wenig, ich war ja ohnehin nicht gerade dick. Aber mich gibt es noch. Sie auch. Und das Leben geht weiter."

Vor dem Krieg hatte ich nie auf seinen Blick geachtet. Aber jetzt hat er mir richtig Angst eingejagt.

Manchmal isst er mit einem Mann in seinem Alter zu Mittag. Er bittet mich dann immer, ihm einen kleinen Tisch für zwei Personen zu reservieren, an dem man vor indiskreten Ohren geschützt ist. Einmal hat er mir gesagt, dass er mit diesem Mann im Krieg war und dass sie sich hier treffen, um über das zu sprechen, was sie zusammen erlebt haben. „Sie wissen ja", hat er gesagt, „dass niemand unsere Geschichten hören will. Diejenigen, die so etwas nicht erlebt haben, können es sowieso nicht verstehen."

Sie wollten nicht, dass man sie hört, aber komischerweise haben sie kaum geredet, als wären sie nur da, um ihr Schweigen miteinander zu teilen. Mir war klar, dass es sie stören würde, wenn ein Tischnachbar zusehen könnte, wie zwei Männer sich über so gewichtige Dinge mit so wenigen Worten austauschen.

Sie beachteten mich nicht, wenn ich sie bediente. Manchmal bekam ich ein paar Gesprächsfetzen mit:

„Wir haben nicht nur in die Luft geschossen", sagte der eine. „Die Granaten, mit denen wir die Kanonen stopften, flogen in Richtung Himmel."

„Und nicht alle sind im Moor gelandet", sagte der andere.

Nach solchen Gesprächen blieben sie manchmal nachdenklich sitzen und blickten ins Leere, oder sie zündeten sich eine Zigarette an, als wollten sie zu etwas anderem übergehen. Einmal habe ich die Ohren gespitzt, als ich das Wort Oradour gehört habe. Ernest Schmitt sagte: „Ich will lieber nicht wissen, wie viele Oradours es in Russland gegeben hat …"

Neulich, als sie schon beim Kaffee waren, sagte Ernest Schmitt lachend zu mir:

„Germaine, wissen Sie, dass mein Freund Max einen Rekord aufgestellt hat, als wir in Russland waren, einen Rekord, der alle anderen Soldaten neidisch gemacht hat? Bei der Jagd auf die Läuse, die uns alle förmlich aufgefressen haben, hat er einmal hundertzwanzig von ihnen eigenhändig erledigt. Ein Rekord, der nie gebrochen wurde!"

Dieser Max hat hinzugefügt, dass das alles nichts genutzt hatte: „Die Läuse sind immer wiedergekommen und man hätte die Klamotten in kochendes Wasser tun müssen, das war aber nicht einmal im Traum vorstellbar!“

„Also kämpften wir so gut es ging“, schloss Ernest Schmitt, „gegen die Rote Armee und gegen die Läuse …“

Max Willsdorf

Am Steuer seines Renault Juvaquatre, Frühling 1953

Ich bin dieser Max, von dem die Straßburger Wirtin gerade gesprochen hat. Ich wohne in Nancy, der Heimatstadt meiner Frau. Ich bin Schuhvertreter. Das Gebiet, für das ich zuständig bin, umfasst das Elsass, Lothringen und Belfort. Ich bin ständig unterwegs in meinem Renault Juvaquatre, und jedes Mal, wenn mich mein Weg nach Straßburg führt, rufe ich meinen Freund Ernest Schmitt an. Wir sind beide, wundersamerweise, Überlebende der Wehrmacht! Dass ich noch am Leben bin, habe ich *ihm* zu verdanken, davon bin ich überzeugt. Und er ist vom Gegenteil überzeugt. Vermutlich haben wir beide Recht. Wir essen immer im selben Restaurant zu Mittag, in der Nähe des Gerichts. Das passt ihm so ganz gut, weil die Verhandlungen manchmal länger dauern als geplant. Seine Frau habe ich nie kennengelernt. Ernest sagt, es ist ihm lieber, wenn sie nichts von all diesen Geschichten erfährt.

Die Deutschen haben es immer vermieden, zu viele Elsässer in eine Einheit zu stecken. Mein Vater hatte mir vom Ersten Weltkrieg dasselbe erzählt. In unserer Einheit waren also Ernest und ich die einzigen Elsässer. Wir haben vieles gemeinsam: Wir stammen beide aus dem Sundgau und wir haben beide eine katholische Schule besucht. Ja, und dann waren wir eben in dieser Zeit beim Militär eng miteinander verbunden. Er ist der Einzige, mit dem ich über dieses Kapitel in meinem Leben sprechen kann. Es gibt halt so Dinge, die man in sich trägt und die man nur mit ganz wenigen Menschen teilen kann. Und wenn man versucht, sie mit dem Erstbesten zu teilen, hat man bald schon das Gefühl, dass es den anderen anödet. Deshalb sind die Treffen mit Ernest so wichtig für mich. Und für ihn auch, denke ich mal.

Ich hab nie die runtergefahrenen Reifen gezählt, die ich bei meinen Fahrten so produziert habe, um die Schuhe meiner Firma in die Schuhläden meines Vertretungsgebiets zu bringen. Es ist unglaublich, wie viele Schuhläden es gibt. Manchmal findet man in ganz kleinen Dörfern einen Lebensmittelladen, eine Bäckerei, eine Metzgerei und einen Schuhladen. Unsere Firma hat einen guten Ruf. Wir machen alle Arten von Schuhen. Für Männer, Frauen und Kinder und alles in bester Qualität. Ich mag es, jede Woche mit meinem Lieferwagen kilometerweit über Land zu fahren, weil ich dabei vor mich hin träumen kann, und diesen Luxus kann ich mir nur am Steuer meines Juva leisten.

Wenn ich am Steuer sitze, denke ich viel über meine Ehe nach, die nicht gerade eine Erfolgsgeschichte ist. Klar, was ist schon eine unglückliche Ehe, im Vergleich zu dem, was ich bei der Wehrmacht erlebt habe? Aber in Russland, da wussten wir, dass es irgendwann so oder so vorbei sein würde, eine Ehe hingegen ist fürs Leben …

Ich denke noch oft an Hélène. Die einzige Frau, die ich wirklich geliebt habe. Sie war aus dem Südwesten Frankreichs und unsere Nachbarin in dem kleinen Dorf, in das wir 39 mit meinen Eltern evakuiert worden waren. Und wie ein Depp bin ich meinen Eltern gefolgt, als sie 1940 heimgekehrt sind. Ernest war auch heimgekehrt, wegen seines Schwiegervaters. An der Front sagte er immer lachend zu mir: „Das Einzige, was mich tröstet, ist, dass die Wehrmacht mit einem Deppen wie dir und einem Weichei wie mir den Krieg unmöglich gewinnen kann!" Was das betraf, war er ein echter Visionär. Ernest hat übrigens oft Recht. Ich liebe ihn wie einen Bruder. Das wenigstens hat mir dieser verdammte Krieg gebracht: einen Freund. Und ein Freund wie er, das ist schon was wert.

Als meine Frau mich ihren Eltern vorgestellt hat, hat mein zukünftiger Schwiegervater nur gesagt: „Willsdorf, klingt nicht gerade französisch ..." Ein andermal hat er mich ganz beiläufig gefragt, wie viele Elsässer denn eigentlich beim Abfackeln der Kirche von Oradour mitgemacht hätten, wo hunderte Bewohner verschanzt waren; und dann hat er noch hinzugefügt, dass das doch ein Skandal sei. Als ob ich da anderer Meinung wäre.

Letzten Sonntag waren wir zu einer Kommunionsfeier bei einer Cousine meiner Frau eingeladen. Immer gegen Ende des Essens, wenn alle schon etwas angeheitert sind, fangen sie damit an, die Brüder und Cousins meiner Frau: „Das ist schon komisch, dass du in der Wehrmacht warst, Max, oder? Eigentlich seid ihr schon so halbe *Boches*, was? Außerdem waren lauter Elsässer in der SS, das weiß ja wohl jeder ..."

Ich kann ihnen noch so oft erklären, dass wir zwangseingezogen wurden, ihnen zum x-ten Mal sagen, dass ganze Klassen von 17-, 18-jährigen Jungs zur SS einberufen wurden, aber es nützt nichts, sie glauben mir nicht wirklich. Irgendwann einmal habe ich ihnen erzählt, wie aus dem Sundgau hunderte von jungen Leuten in die Schweiz flohen; eines Tages wurden fünfzehn Jungs aus Ballersdorf verhaftet, als sie versucht haben, die Grenze zu passieren. Man hat sie innerhalb von zwei Tagen im KZ Struthof erschossen. Da geben sie zu, sofern sie bereit sind, sich etwas abzuregen, dass die schon nicht zimperlich waren, die Deutschen ... Mehr kann ich bei ihnen nicht erreichen.

Ernest sagt dann lachend, das sei doch schon mal nicht schlecht, wenn sie einsehen, dass die Ermordung der Typen aus Ballersdorf etwas übertrieben war! Er macht sich wahnsinnig gern über mich lustig: „Maxi, wie ich sehe, bist du immer noch nicht schlauer geworden. Merk dir ein für alle Mal, dass sie es nie kapieren werden. Für die bleiben wir *Boches*, und wir müssen schauen, dass wir damit klarkommen. Und das Leben geht weiter. Du gondelst durch die Gegend mit deinem Juvaquatre und verkaufst Schuhe, und ich verteidige meine Heiligen und meine Halunken vor Gericht, und von Zeit zu Zeit genehmigen wir uns zusammen ein Tagesgericht. Stell dir mal vor, man hätte uns vor noch nicht einmal zehn Jahren, mitten in der Schlacht am Dnjepr, gesagt, dass wir zwei eines Tages zusammen

Fleischpastetchen essen und dazu einen Schoppen Riesling trinken würden!"

Ich musste meiner Frau versprechen, bei Familientreffen nicht mehr auf ihre Brüder und Cousins einzugehen. Also lasse ich alles an meinem armen Juvaquatre aus, wenn ich am Steuer sitze. Was der so alles abkriegt und was die Verwandtschaft manchmal so alles abkriegt! Ich schlage dann wie ein Irrer auf das Lenkrad und brülle: „Und ihr wart alle in der Résistance, stimmt's? Haha, guter Scherz. Ihr wart Gefangene und habt euch schön in den deutschen Bauernhöfen versteckt. Vielleicht habt ihr sogar noch mit der Bäuerin geschlafen und gehofft, dass sich so arme Deppen wie wir abmurksen lassen, damit ihr dann wieder nach Hause könnt." Manchmal fährt mein Juva ganz schön Schlangenlinien, so sehr rege ich mich über sie auf, wenn ich allein im Auto sitze. Manchmal muss ich aufhören zu schreien, weil meine Hände mir irgendwann wehtun und meine Handflächen ganz rot sind, vor lauter Rumschlagen auf dem Lenkrad.

Ernest ist da viel gelassener als ich. Oder er hat sich besser unter Kontrolle, ich weiß es nicht. Jedenfalls hat er zu all dem viel mehr Abstand als ich. Vielleicht, weil er studiert hat.

Aber manche Sachen hat er komplett vergessen, so erschöpft war er da. Wie ganz am Ende, im Wald von Kattowitz in Polen. Manchmal fahre ich auf meiner Tour durch den Hardter Wald. Diesen Teil der Ebene mag ich überhaupt nicht, weil er mich zu sehr an diesen Wald von Kattowitz erinnert, vor allem im Winter, wenn Schnee liegt. Damals war es das totale Desaster, wir waren von den Russen eingekesselt. Viele Verletzte haben uns gebeten, sie zu erlösen oder sie gaben sich selbst die Kugel, mitten ins Herz. Ich weiß nicht mehr, wie es dazu kam, dass wir schließlich an einem großen Feuer hockten. Da tauchte ein russischer Arzt auf, der Französisch sprach und der uns beiden das Leben gerettet hat.

Was Ernest am meisten geprägt hat, war, als wir auf dem Roten Platz aufmarschiert sind. Das war einige Tage nach dem 14. Juli. Die Russen hatten an diesem Tag abertausende Häftlinge zusammengekarrt, um sie auf den breiten Straßen der Sowjethauptstadt defilieren zu lassen. Wir waren damals nur noch menschliche Wracks, die bei sengender Hitze marschierten. Die russischen Soldaten, die uns flankierten, sollten uns schützen vor den Menschenmassen, die sich auf den Gehwegen drängten und auf uns spuckten oder mit Steinen und anderen Dingen auf uns warfen.

Wir waren alle ziemlich neben der Spur, doch plötzlich kamen wir auf einen sehr großen Platz. Es war der Rote Platz. Und dann ist einige hundert Meter weiter zu unserer Rechten eine riesige Tribüne aufgetaucht, über der große rote Schilder mit russischen Inschriften zu sehen waren. Und auf der Tribüne standen unzählige Offiziere der Alliierten. Auch Franzosen waren dabei, wir erkannten sie an den Uniformen. Da brüllten die Elsässer: „Nehmt uns mit, nehmt uns mit, wir sind Franzosen!“ Ernest und ich brüllten genauso wie unsere Landsleute. Doch unsere Rufe gingen im allgemeinen Getöse unter, und mit ihren Gewehren versetzten uns die Russen Schläge ins Kreuz und brüllten ihr ewiges „dawai, dawai".

„Stell dir das mal vor, Maxi", sagte Ernest manchmal, „wir haben vor Stalin defiliert! Das ist doch was, oder? Komm, wir sind zwei Betrogene der Geschichte, lass uns auf uns anstoßen!"

Monatelang haben wir unseren Alltag mit einem Bayern namens Hartmut Grüninger geteilt. Der Typ war in Ordnung. Bei den Deutschen wusste man nie, ob sie ehrlich waren, oder ob sie nicht Elsässer ausspionierten, wenn sie „in Ordnung" waren. Aber Grüninger war ein korrekter Typ, da bin ich sicher. Stalin ließ regelmäßig Flugblätter über der deutschen Frontlinie abwerfen. Darauf standen auf Deutsch, Französisch und Russisch so Sachen wie „Elsässer, Lothringer, Luxemburger, desertiert, bei uns werdet ihr gut behandelt, Hitler wird den Krieg bald verlieren!" Die Offiziere ließen die Flugblätter ganz schnell verschwinden, aber in Windeseile haben Ernest und ich sie immer heimlich gelesen.

Unten auf den Flugblättern stand der Hinweis: „Dieses Blatt gilt als Passierschein, um sich den Russen zu ergeben." Auf einigen Flugblättern stand, dass die Elsässer, die zur Roten Armee desertieren wollten, folgenden Satz auf Russisch schreien sollten: *„Russ ja plennyj! Ja Franzus!"*, „Ich ergebe mich, ich bin Franzose."

Hartmut zeigte uns heimlich einige der Flugblätter. Er schimpfte ständig über den Krieg, über Hitler und über unsere Offiziere, die zum Teil ultrafanatische Nazis waren. Er zeigte uns immer wieder das Foto seiner Frau und seiner kleinen Söhne und sagte uns, dass dort sein Platz sei, in seinen Bergen, und nicht in diesen „verdammten Wüsten“. Er wollte mit uns desertieren und dabei Stalins Flugblatt vorzeigen.

Ernest und ich haben beschlossen, es nicht zu tun. Wir trauten den Russen nicht, und wenn wir uns doch dazu entschlossen hätten, dann hätten wir es ohne Hartmut getan. Da hat er gesagt, egal, er würde allein gehen. Und eines Morgens haben wir ihn gehen sehen. Er hatte sich das weiße Flugblatt von Stalin auf die Brust genäht. Dann ist er im Morgendunst hinter der Frontlinie verschwunden. Wir haben ihn schreien hören: *„Russ, ja plennyj …“* Statt dem *„Ja Franzus“* war das furchtbare Knattern eines Maschinengewehrs zu hören, das die Stille dieses Frühlingsmorgens jäh zerrissen hat. Einige Krähen flogen unter furchtbarem Gekreische davon. Der Wind kam uns entgegen. Ein leichter Pulvergeruch erreichte unsere Reihen. In der Morgensonne löste sich der Dunst schnell auf.

Nach dem Krieg haben wir beide seiner Frau geschrieben. Und eines Tages, als Ernest aus dem Gericht zurückkam, war im Wartezimmer seiner Kanzlei eine Frau mit zwei Buben. Sie sprach ein komisches Deutsch. Es war die Witwe von diesem Hartmut. Sie wollte, dass ihre Söhne den Mann kennenlernen, der als Letzter ihren Vater lebend gesehen hatte. Erst haben sie ihn mit großen Augen angestarrt und dann haben sie angefangen zu weinen. Auch ihre Mutter hat geweint. Ernest hat nichts gesagt. Was hätte er auch sagen sollen? Seitdem schreibt diese Frau Ernest regelmäßig zu Neujahr. Und wir schreiben ihr jedes Jahr zu Hartmuts Todestag.

Bevor wir gefangen genommen wurden, waren wir

einem schrecklichen Dilemma ausgesetzt. Wir träumten davon, dass unsere Feinde, die uns gegenüberstanden, den Krieg mit Hilfe der Alliierten gewinnen würden. Aber auf dem Schlachtfeld mussten wir uns gegen sie verteidigen und sie angreifen, wo immer es möglich war, um unsere eigene Haut zu retten. Wir hatten keine Wahl. Man hatte uns im Blick ... Ernest sagte oft: „Man müsste einen Film über das alles hier drehen, aber ich weiß nicht, ob es jemand interessieren würde."

Thérèse Schaad

Mulhouse, Anfang 1954

Ich bin die Zwillingsschwester von André Schaad, der bis zum Abi am Bischöflichen Knabenseminar der unzertrennliche Freund von Ernest Schmitt war.

Als André ins Gymnasium kam, war das für mich sehr schmerzhaft. Für ihn auch, denke ich mal. Zumindest am Anfang. Danach hat er sich ja sehr schnell mit Ernest zusammengetan: Er hat mich in gewisser Weise ersetzt.

Manchmal denke ich, dass ich meinen Bruder nie ersetzt habe. Ich liebe ihn und ich fühle noch immer mit ihm wie früher. Ich kann sofort sagen, was er denkt. Das zeige ich aber nicht so, weil ihm das auf die Nerven geht. Vor dem Krieg hatte ich zwar einen Verlobten. Aber er ist nicht aus Russland zurückgekommen. Und heute bin ich fünfunddreißig. Ich denke, jetzt bin ich zu alt, um einen Mann zu finden. Seit der Krieg zu Ende ist, herrscht Männermangel. Viele Mädchen haben sich beeilt, einen zu erwischen, bevor der Vorrat aus war. Aber das ist nicht mein Ding, den Sonderangeboten hinterherzurennen, bis es keine mehr gibt. Außerdem bin ich „Schulmamsell", Lehrerin also, und da finden es alle ganz normal, dass ich eine Mamsell bleibe.

Man sagt, dass es echte und falsche Zwillinge gibt.

Ich habe nie verstanden, was das genau bedeutet, aber wenn echte Zwillinge durch eine Art immerwährendes mysteriöses Einvernehmen miteinander verbunden sind, dann kann man sagen, dass André und ich als Kinder echte Zwillinge waren. Es musste nur einer über etwas sprechen, über eine Person oder über ein Gefühl, und schon konnte sich der andere alles ganz genau vorstellen. Was uns damals verbunden hat, war nicht nur, dass man den anderen verstand, es war mehr als das: Jeder von uns spürte augenblicklich den anderen, jeder spürte das, was der andere empfand.

Als mein Bruder ging, hat sich das geändert. Ernest hat ihn Stück für Stück von mir entfernt. Ich habe das sehr schnell gespürt. In jedem seiner Briefe berichtete André lang und ausführlich über ihn. Und als er in den Ferien hier war, erzählte er mir viele Geschichten über seinen Freund, ohne zu merken, dass seine Worte mir wehtaten. Ich habe ihn gebeten, ihn mir zu beschreiben und ich habe mir dann einen schönen Jungen mit dichtem schwarzen Haar und finsterem Blick vorgestellt. Als ich ein Foto von ihm gesehen habe, stellte ich fest, dass ich mich nicht getäuscht hatte, er sah aus wie ein schöner Spanier. Bei den wenigen Begegnungen mit ihm hat er mich kaum angesehen. Er dachte wahrscheinlich, dass ich nicht gut genug für ihn bin.

Mein Bruder war von dem Hass zwischen den Schmitts und den Müllers fasziniert. Er hat mir diese Familiensaga erzählt, die immer wieder neu aufkochte. Mich hat diese Geschichte an Romeo und Julia erinnert. André hatte mir einmal erzählt, dass er die Tochter der Müllers gesehen hatte und dass er sie sehr schön fand.

Ich bin mir sicher, dass Jeanne Müller in Ernest Schmitt verliebt war und dass er sie auch liebte; dass aber eine Heirat zwischen den beiden wegen all dieser Familiengeschichten undenkbar war.

Schließlich hat mein Bruder Jeanne geheiratet! Und durch diese Hochzeit hat er sich noch ein Stückchen weiter von mir entfernt. Ich fand von Anfang an, dass an der Sache etwas ziemlich seltsam war, irgendwie ungesund. Vielleicht übertreibe ich ein bisschen, aber es war wirklich sonderbar.

Kurz vor der Hochzeit habe ich meinen Bruder gefragt:

„Ich nehme an, Ernest Schmitt wird auch dabei sein? Wird er dein Trauzeuge?"

„Wir haben ihn eingeladen, aber er hat nicht reagiert“, hat er geantwortet.

Es herrschte eine komische Stimmung auf dem Hochzeitsfest. Die Müllers hatten einen riesigen Tisch in ihrer Scheune aufgestellt. Auf der anderen Seite sah man das Haus der Schmitts; alle Läden waren geschlossen. Ernest war der große Abwesende. Er war so sehr abwesend, dass er schließlich den ganzen Raum und die Gedanken aller Anwesenden einnahm. Nur der Dorfpfarrer hatte die Dramatik der Situation nicht erfasst.

„Wenn Sie Schüler im Bischöflichen Knabenseminar waren, André, dann haben Sie Ernest Schmitt doch sicher gekannt?“

„Ja, habe ich.“

„Wussten Sie, dass seine Eltern hier wohnen, genau gegenüber von den Müllers?“

„Oh, nein, das wusste ich nicht ...“

Ich habe meinem Bruder vorgeschlagen, doch kurz bei den Schmitts vorbeizuschauen, um ihnen guten Tag zu sagen. Geantwortet hat mir Jeannes Vater:

„Denken Sie nicht dran, das ist völlig unmöglich! Außerdem geht Sie das gar nichts an!"

Jeanne konnte mich nie leiden. Sie behauptete, ich sei eifersüchtig und wolle meinen Zwillingsbruder nie mit irgendjemandem teilen. Aber das ist nicht der wahre Grund. Der wahre Grund ist, dass ich ihr Geheimnis kenne, und das weiß sie. Es ist ein sehr trauriges Geheimnis: Sie hat meinen Bruder nie geliebt. Sie hat ihn geheiratet, um sich über die unmögliche Heirat mit Ernest hinwegzutrösten. So einfach ist das.

René Kayser, Notar

Straßburg, den 5. Juni 1956

Gestern habe ich mit Ernest Schmitt zu Mittag gegessen, und ich weiß, dass ich ihn nie wiedersehen werde. Niemand wird ihn hier im Elsass je wiedersehen. Sein Zug ist heute Mittag, kurz nach zwölf, vom Straßburger Bahnhof abgefahren; das ist jetzt einige Stunden her.

Wir standen uns nicht wirklich nah, wir waren nur Kommilitonen. Ich habe immer mal wieder versucht, eine freundschaftlichere Beziehung zu ihm aufzubauen. Aber ich habe sehr wohl gespürt, dass er kein Interesse daran hatte. Ich glaube, ich war darüber etwas verbittert. Ich fand ihn hochmütig, distanziert. Auf beruflicher Ebene haben wir uns allerdings regelmäßig ausgetauscht. Ich habe seine Art zu arbeiten geschätzt, und ich glaube, er schätzte meine auch.

Aber wir haben uns nie tiefgründig ausgetauscht. Männer, die so etwas tun, sind sowieso selten. Das eine oder andere Mal haben wir über unseren „Russlandfeldzug“ gesprochen, wie wir ihn halb ironisch, halb traurig nannten. Wir waren beide bei der Wehrmacht und haben diese Hölle im gleichen Frontabschnitt durchlebt. Wir haben zwar darüber gesprochen, aber nie ausführlich. Niemand spricht ausführlich über ein verlorenes Kapitel seines Lebens. Ich erinnere mich, dass er einmal sagte: „Und dieser verdammte Bickler läuft noch immer frei rum! Ich bin mir sicher, dass er immer noch den Schlaumeier spielt, wo auch immer er jetzt ist …"

Ernest wollte mich gestern unbedingt treffen. Mein Tagesprogramm war schon sehr voll.

„Um welche Akte geht es?", habe ich ihn gefragt.

„Um eine sehr dringende. Die Akte Ernest Schmitt gegen sich selbst."

Im Restaurant hat er sich vergewissert, dass uns an den Nachbartischen niemand hören konnte.

„Ich fahre morgen", hat er gesagt.

„In Urlaub?"

„Nein, ich fahre endgültig, mit dem Zug um 12:14 Uhr. Ich verlasse diese Stadt und dieses Land. Ich werde Europa verlassen. Für immer. Ich komme nie wieder. Du bist der Einzige, der Bescheid weiß. Und ich gehe davon aus, dass du der Schweigepflicht unterliegst."

„Und deine Frau?"

„Deshalb wollte ich dich sprechen. Sie ist für einige Tage mit ihren Eltern in Lichtenthal. Ich hätte gerne, dass sie, wenn sie zurückkommt, einen Brief deiner Kanzlei vorfindet, in dem du sie aufforderst, dringend, sobald sie zurück ist, bei dir vorbeizukommen. Ich könnte auch einen Zettel auf dem Küchentisch lassen. Daran habe ich natürlich auch gedacht. Ich habe sogar ein paar Entwürfe geschrieben. Aber keiner davon gefällt mir. Sie waren alle zu lang, zu kurz, zu trocken oder zu melodramatisch. Außerdem finde ich diese Vorgehensweise irgendwie überzogen, romanhaft. Hier geht es schließlich nicht um einen Roman, sondern um mein

Leben. Oder eher, um den Roman meines Lebens. Also um einen komplizierten, nicht gerade heiteren Roman. Ich gehe, weil ich nicht anders kann. Solche Dinge lassen sich nicht auf einem Zettel erklären, den man auf dem Küchentisch zurücklässt."

Mehr habe ich über die Gründe seiner Entscheidung nicht herausbekommen können, aber ich habe ihm gesagt:

„Es fällt mir schwer, das nachzuvollziehen. Du hast die Klientel deines Schwiegervaters weiterentwickelt. Du hast dir in der Stadt und darüber hinaus einen Namen gemacht. Alice ist Einzelkind, ihr werdet das gesamte Vermögen ihrer Eltern erben. Wer träumt nicht von einem ausgefüllten Leben wie deinem?"

„Ein Leben kann eben ausgefüllt und doch leer sein", hat er leicht verärgert erklärt, was mich etwas verletzt hat, das muss ich zugeben.

Es war, als würde er mir sagen, für mich wäre ein gelungenes Leben eben nur ein materiell gelungenes, ich wäre also genauso stumpfsinnig wie all diese Notare aus den Romanen des 19. Jahrhunderts. Es war, als fühlte er sich darin bestätigt, nicht auf meinen Wunsch eingegangen zu sein, eine tiefere Beziehung aufzubauen.

Dieses gemeinsame Mittagessen hat bei mir gemischte Gefühle hinterlassen. Bei ihm war da eine leicht geringschätzige Kühle. Manchmal habe ich von Klienten gehört, dass sie sein Verhalten abschätzig fänden. Ich verstehe diese Leute. Schmitt wollte mich nicht als seinen Freund treffen, noch nicht mal als eine Person des Vertrauens, er brauchte einfach nur einen Notar, mit dessen Hilfe er vor seiner Abreise alles regeln konnte. Ich habe übrigens nicht protestiert, als er am Ende des Essens seinen Geldbeutel gezückt hat!

„Ihr habt keine Kinder. Das könnte vielleicht eine Erklärung sein ..."

Daraufhin hat Ernest geschwiegen. Er starrte auf den Bodensatz in seinem Glas.

„Vielleicht ... Ich habe mich oft gefragt, was passiert wäre, wenn wir welche gehabt hätten. Aber wir haben nun mal keine ..."

Er hatte seine Akte mit der gleichen Sorgfalt geführt, wie die seiner Klienten. Er verzichtete auf alles zugunsten seiner Frau. Er erklärte ihr sogar, wie sie die Scheidung einreichen konnte, und gab ihr alle Informationen, die sie brauchte, damit die Scheidung möglichst schnell und zu seiner alleinigen Schuld ausgesprochen wurde. Er hatte nur eine geringe Summe von einem der Konten abgehoben. Außerdem hat er mir einen verschlossenen Brief gegeben, den ich seiner Frau persönlich aushändigen sollte. „Es ist eine der verschiedenen Versionen des Briefs, den ich auf dem Küchentisch hätte zurücklassen können", hat er dazu nur gesagt.

„Und wenn sie Fragen stellt? Zum Beispiel, wohin du gegangen bist ..."

„Dann sagst du die Wahrheit. Dass du es nicht weißt und dass es auch sonst niemand weiß."

Ich habe ihm geantwortet, dass er mich da vor eine schwere Aufgabe stellte. Das hat er eingesehen und zum Dank hat er mir ein Aquarell eines unbekannten Malers geschenkt, das ein von blühenden Apfelbäumen umringtes Dorf im Sundgau zeigt. „Das kannst du dir im Büro aufhängen, dann hast du eine Erinnerung an deinen früheren Kommilitonen ..."

Bevor wir auseinandergegangen sind, habe ich ihn noch gefragt, wann genau er diesen radikalen Entschluss gefasst hatte. Er hat einen Moment überlegt und mir dann eine Geschichte erzählt, von der ich nicht weiß, ob sie wahr ist, oder ob er sie einfach nur erfunden hat, um sich über mich lustig zu machen:

„Eine Sache war Alice ganz besonders wichtig, und zwar der alljährliche Osterputz. Immer wieder versetzte diese Putzwoche sie in einen Zustand extremer Nervosität, der schon lange vor dem offiziellen Start zu spüren war. Unsere Putzfrau wurde für die gesamte Dauer der Aktion eingespannt. Und Alice verwandelte sich in die Oberbefehlshaberin im erbittert geführten Krieg gegen jegliche Art von Staub, gegen nicht ausreichend glänzende Griffe sämtlicher Möbel der Wohnung und gegen die Schmutzschicht, die ich selber nicht einmal sah. Ich war schon immer der Meinung, dass sie sich bei unserer Nachbarin mit diesem jährlichen Fieber angesteckt hat. Denn auch Madame Lévy, die auf demselben Hausflur wohnt, wird jedes Jahr um die gleiche Zeit, wenn der Pessahputz fällig ist, von derselben Aufregung gepackt, sodass ihr Mann mir schon allen Ernstes erzählt hat, er plane, in dieser für das Familienleben schwierigen Zeit, ins Hotel zu ziehen. Mir wurde eine einzige Aufgabe zugeteilt, aber nicht irgendeine: Ich war für das Abhängen der Übergardinen und eine Woche später, nach ihrer Reinigung, wieder für das Aufhängen zuständig. Dazu muss man wissen, dass wir vier große Fenster zur Straße hin haben und nochmal drei zum Hof, und unsere Decke ist drei Meter fünfzig hoch. Diese Vorhänge sind schwer und ihr Aufhängsystem unnötig kompliziert. Die alljährliche Wiederholung dieser Prozedur hat die Fixierung der Vorhangstangen an der Wand immer mehr beschädigt. Ich musste also jedes Jahr aufs Neue zwei oder drei Löcher bohren, ohne dabei zu wissen, ob ich diesmal auf Gips, Backstein oder Stein stoßen würde. Ich habe diese Aktion gehasst. Ich sage nicht, dass ich der perfekte Ehemann war. Außer ein paar glanz- und freudlosen Ausnahmen bin ich Alice während der zweiundzwanzig Jahre unseres gemeinsamen Lebens treu geblieben. Und ich habe diese Aufgabe, die mir als Ehemann zukam, immer brav erfüllt: das Ab- und Aufhängen der sieben Übergardinen und das Bohren neuer Löcher. Und das während der zweiundzwanzig Jahre unserer Ehe. Außer natürlich während der Jahre in Russland. Du kannst dir ja denken, dass die Wehrmacht mir keine Sondergenehmigung erteilt hat, damit ich meine Frau beim Osterputz unterstütze ... Ich musste dir all das erzählen, bevor ich deine Frage beantworten kann, denn meine Entscheidung habe ich beim Wiederaufhängen der Vorhänge nach dem Reinigen getroffen. Ich stand etwas wackelig auf einer Trittleiter und hielt mit ausgestreckten Armen die Vorhangstange, während Alice sorgfältig die Ringe des Vorhangs auf die Stange schob. In dem Moment habe ich gesagt:

„Weißt du was, ab nächstem Jahr könnten wir doch abwechseln. Ich meine, ab nächstem Jahr hängen wir nur die Vorhänge zur Straße hin ab und ein Jahr später dann die hinten und immer so weiter."

„Aber wo denkst du denn hin, mein armer Ernest!“, hat sie nur gesagt, mit einer Stimme, die keine Widerrede zuließ. „Was wir hier jedes Jahr machen, das ist das Mindeste, hörst du, das Mindeste!“

„Siehst du“, sagte er zum Abschluss seiner Geschichte, „in dem Moment, als ich da so in wackeliger Position auf der Trittleiter stand, genau da habe ich beschlossen, mein Leben zu ändern. Noch am selben Abend haben wir die letzten Vorhänge wieder aufgehängt. Ich war absolut ruhig und gelassen, denn ich wusste, dass es das letzte Mal war.“

Draußen auf dem Trottoir haben wir uns getrennt. Er ging leichten Schrittes davon, ohne sich nochmal umzudrehen. Und ich dachte mir, jetzt ist er verrückt geworden.

Alice Schmitt

Lichtenthal, 5. Juni 1957

Heute vor genau einem Jahr ist Ernest verschwunden. Seit einem Jahr versuche ich, zu verstehen. Seit einem Jahr hoffe ich, dass er wiederkommt, oder zumindest eine Nachricht schickt, und seit einem Jahr fühle ich mich für sein Verschwinden verantwortlich.

Ich denke oft an den Tag, als er aus der Gefangenschaft zurückkam. Ein Freund meines Vaters war ganz außer Atem zu uns gekommen: „Ich habe die Liste von denen gesehen, die heute Morgen angekommen sind. Da steht Ernest drauf. Heute Abend nach den letzten verwaltungstechnischen und medizinischen Formalitäten ist er frei." Ich bin sofort zum Wacken gefahren, dem Stadtteil, wo sich die Militärbehörde befindet, und habe mich zu den anderen Frauen gesellt, die dort in angespanntem Schweigen warteten. Von Zeit zu Zeit ging die Tür auf und ein völlig abgemagerter Mensch erschien auf der Türschwelle. Es sah so aus, als würden all diese Männer nicht wirklich glauben, dass sie nun wieder frei waren. Manchmal verließ eine Frau unsere Gruppe und warf sich einem von ihnen an den Hals. Doch die meisten der Männer schauten in die Runde, ohne ein bekanntes Gesicht zu entdecken. Sie waren wie geblendet von einem Licht, das wir nicht sehen konnten.

Dann kamen die Männer in kleinen Gruppen, zu viert oder fünft heraus. Ernest war in einer dieser Gruppen. Ich habe ihn nicht wiedererkannt. Er war es, der mich gesehen hat und auf mich zugerannt kam. Ich muss wohl sehr erschrocken geschaut haben, als ich ihn so abgemagert und ausgezehrt gesehen habe. Ich habe ihn einfach nur an mich gedrückt, und habe dabei nicht bemerkt, was in diesem Moment in seinen Augen zu sehen war. Bis zu meinem letzten Tag werde ich das bereuen. Ich hätte es sofort sehen müssen. Bestimmt hätte ich in seinem Blick lesen können, dass ich eine gebrochene Seele in die Arme nahm, eine Seele, die die Lust am Leben verloren hatte. Vielleicht hätte ich dann gleich verstanden, dass ich von nun an mein Dasein mit einem Mann teilen würde, der nichts mehr vom Leben erwartet.

Aber all diese Gedanken mache ich mir jetzt erst, wo es zu spät ist. Ich hätte das vor Jahren verstehen sollen, als Ernest ganze Nächte lang nicht schlafen konnte. Mir war klar, dass er in diesen schlaflosen Stunden von Kriegsbildern heimgesucht wurde, die ihm in Dauerschleife an unserer Schlafzimmerdecke erschienen. Manchmal flüchtete er ins Nachbarzimmer, um ihnen zu entkommen. Da lief er dann die halbe Nacht lang auf und ab. Einmal bin ich zu ihm gegangen. Er hat mich in den Arm genommen. Ich habe einfach nur seinen Namen gesagt, und er hat wie ein Kind geweint. Da musste ich auch weinen. Sicher hätten wir öfter zusammen weinen sollen, aber das wussten wir nicht. Seit einem

Jahr weiß ich, dass es guttut zu weinen. Ich weine jetzt oft. Aber ganz für mich allein, und das tut mir gut. Auch wenn ihn das nicht wieder zu mir zurückbringt.

Dann war da noch das Kind, auf das wir warteten, und das nicht kam. Ich weiß noch, wie uns in den ersten Jahren unserer Ehe diese Schwermut überwältigte. Meistens morgens, wenn ich mich in der Küche ihm gegenübersetzte und wortlos den Kopf schüttelte. Da nahm Ernest immer meine Hand und sagte: „Das nächste Mal klappt es bestimmt." Vor dem Krieg spürte ich, dass er tatsächlich daran glaubte, aber nach seiner Rückkehr aus der Gefangenschaft sagte er es ganz mechanisch, als würde er nicht mehr daran glauben, als wäre er abwesend.

Irgendwann sagte ich nichts mehr und er stellte mir auch keine Fragen mehr. Dann hat er sich Stück für Stück von mir entfernt. Ich weiß nicht, wie andere Männer sind. Vielleicht ist es normal, dass sich der Mann irgendwann von seiner Frau entfernt. Ich weiß es nicht. Jetzt ist er nicht mehr da. Und ich sitze hier auf der Terrasse unseres Hauses in Lichtenthal. Ich bin dreiundvierzig und weiß nicht, was ich mit meinem Leben anfangen soll.

Ich war mit meiner Ehe nicht unglücklich. Er auch nicht, denke ich jedenfalls. Für die anderen waren wir ein Paar ohne Kinder und ohne Probleme. Wir konnten Ski fahren gehen, oder Reisen machen, die sich andere nicht leisten konnten. Nie haben wir uns gestritten, nie. Heute bereue ich das. Wenn wir uns gestritten hätten, würde ich heute vielleicht ein bisschen besser verstehen, warum er gegangen ist. Ein paar Wochen, bevor er verschwunden ist, hat er mir noch geholfen, für den Osterputz alle Vorhänge in unserer Wohnung ab- und wieder aufzuhängen, so wie wir es jedes Jahr gemacht haben, von Anfang an. Und wie jedes Jahr musste er ein paar neue Löcher für die Halterungen bohren. Er mochte diese Aufgabe nicht und er hat jedes Jahr laut geflucht, wenn nicht alles so geklappt hat, wie er wollte; und ich musste lachen, wenn ich ihn in seinem Sundgauer Dialekt fluchen hörte!

Der Sundgau ist für mich eine Region voller Rätsel geblieben. Den Dialekt habe ich nie wirklich gut verstanden, und ich hatte den Eindruck, dass Ernest so etwas wie ein großes Geheimnis in sich trug, das sich dort abgespielt hatte. Ich habe aber nie herausbekommen, was das für ein Geheimnis war.

Dieses Jahr habe ich zum ersten Mal, seit ich verheiratet bin, die Vorhänge *nicht* abgehängt. Ich hätte auch jemanden bitten können, mir zu helfen, aber die Vorstellung, einen anderen Mann da auf der Trittleiter stehen zu sehen, war für mich unerträglich, nein, das konnte ich nicht. Also werden die Vorhänge wahrscheinlich bleiben, wo sie sind, solange ich in unserer Straßburger Wohnung leben werde.

Die Lévys, unsere Nachbarn auf dem gleichen Hausflur, laden mich manchmal freitagabends ein. Einmal habe ich ihnen erzählt, dass Ernest als Soldat bei der Wehrmacht wohl schreckliche Dinge erlebt haben muss. Dinge, über die er nie und mit niemandem gesprochen hat. Die Lévys haben geschwiegen. Da ist mir klargeworden, wie taktlos ich war. Die Hälfte ihrer Familie war im KZ umgekommen und mein Mann war in

Hitlers Armee Soldat gewesen. Dann hat Monsieur Lévy gesagt:

„Wir sprechen auch nie über diese Dinge. Was soll man auch vom Tod reden. Wir müssen schließlich leben, wir haben keine Wahl." Darauf sagte seine Frau:

„Du meinst, wir sind dazu verdammt zu leben? Na, deine Lebensphilosophie ist ja nicht gerade sehr erheiternd ..."

Ernests Eltern sind 1955 innerhalb weniger Monate beide gestorben. Manchmal kommt es mir so vor, als hätte er darauf gewartet, dass sie von uns gehen, um dann selbst zu gehen. Wenn dem tatsächlich so wäre, hätte ich gute Gründe, ihm böse zu sein, denn mir gegenüber hat er diese Rücksicht nicht genommen.

Eines Tages, als Ernest schon gegangen war, sagte einmal eine Frau aus der Gemeinde zu mir, sie müsste mir etwas Wichtiges anvertrauen:

„Man sagt, dass Ihr Mann in der Stadt Orte aufgesucht hat, zu denen nur Männer zugelassen sind ..."

„Was wollen Sie mir sagen?"

„Ihnen erzählen, was man so hört."

„Man hört so vieles ..."

„Da haben Sie Recht, aber ich wollte es Ihnen trotzdem mal sagen."

Ein andermal, das ist jetzt auch schon Jahre her, hat mich eine Frau auf der Straße angesprochen. In ihrer Ausstrahlung lag etwas sehr Geheimnisvolles. Sie hat mir gesagt, dass ihr Bruder unglücklich verheiratet sei, weil er eine Frau geheiratet hatte, die eigentlich Ernest liebte, aber Ernest hatte sich selbst untersagt, sie zu heiraten. „Ich hoffe, dass Sie mit Ihrem Mann glücklich sind“, sagte sie. „Denn das wäre doch sehr traurig, wenn wegen eines einzigen Missverständnisses zwei Ehen in die Brüche gehen würden …“, fügte sie hinzu, ehe sie wieder verschwand.

Ich dachte damals, diese Frau ist verrückt, und habe sie vergessen. Aber seit mein Mann verschwunden ist, denke ich oft an sie. Warum hat sie nicht gesagt, wer sie ist? Warum hat sie mir nur ein paar wenige Teile eines Puzzles geliefert, das ich nicht zusammensetzen kann?

Trotz allem kann ich meinen Ernest nicht hassen. Das wundert die Leute in meinem Umkreis. Sie finden, ich müsste sauer auf ihn sein. Ich würde einfach nur gerne wissen oder verstehen, was in seinem Kopf vorgegangen ist. Aber weiß er das denn selber? Und warum sollte man immer alles verstehen? Letztendlich muss man jemanden nicht unbedingt verstehen, um ihn zu lieben.

Neulich habe ich unserem neuen Pfarrer diese Frage gestellt. Er hat einen Moment lang überlegt und dann gesagt, dass man Gott lieben kann und sogar lieben muss, ohne ihn zu verstehen.

Aber ich wollte ja gar nicht über Gott sprechen …

Schnurtzi

Straßburg, den 8. Mai 1981

Gestern hat man sich mal wieder daran erinnert, dass es mich gibt. Und gestern hat man sich endlich mal wieder um mich gekümmert. Das war wirklich schon lange nicht mehr vorgekommen. Man hat mich mit einer Plastikplane abgedeckt, um mich vor der Taubenkacke zu schützen, die alles verdreckt, was hier lagert. Das wurde auch Zeit: Wenn das so weitergegangen wäre, wäre ich innerhalb weniger Wochen nicht mehr zu erkennen gewesen. Gerade eben hat wieder eine Taube einen Schiss auf die Plane fallen lassen. Platsch hat's gemacht, und ich habe zugeschaut, wie das flüssige Etwas langsam an dem durchsichtigen Plastik entlanggeflossen ist. Das war nicht gerade angenehm, aber zumindest habe ich nichts auf meinem Fell gespürt, das ja nun wirklich nicht unbedingt zugeschissen werden muss! Es sieht sowieso seit ein paar Jahren schon ziemlich heruntergekommen aus! Von den Gerüchen ganz zu schweigen ... Immerhin wurde ich ja schon vor über fünfzig Jahren ausgestopft, wenn man mal von meiner Kriegsverletzung absieht!

Von meinem Präparator habe ich nie wieder etwas gehört, und von meinem alten Herrn auch nicht. Ich nehme an, dass beide schon lange tot sind. Seit man mich vor Jahren auf diesem Speicher hier untergebracht hat, fühle ich mich sehr einsam. Ich bin zwischen Stapeln von Kartons eingeklemmt, die wahrscheinlich alte Akten aus der Kanzlei enthalten. Wer weiß, vielleicht schlummern die von Madame Knieperlé direkt neben mir!

Hier kommt selten jemand hoch. Manchmal ein einzelner Mensch, aber nur zum Wäsche Aufhängen und um sie am nächsten Tag wieder abzuhängen. Ich weiß, dass es eine Frau ist, und zwar immer dieselbe, weil sie immer dasselbe Lied von Dalida vor sich hin trällert. Manchmal kommt auch jemand, um in den Akten zu kramen, aber nur ab und an, und schimpft dann immer laut über den Gestank der Taubenkacke. Das freut mich, weil ich dann immer hoffe, dass sie jetzt endlich mal etwas gegen diese Drecksviecher unternehmen.

Ich fühle mich auf diesem Speicher schrecklich einsam und verlassen. Hier ist kein Leben. Früher war das so bereichernd für mich, all die Jahre im Büro eines Anwalts zu hängen und der unmittelbare Zeuge aller Diskussionen meines Herrn mit seinen vielen Klienten zu sein. Ich bin sicher, dass kein lebendiges oder auch ausgestopftes Wildschwein jemals der menschlichen Seele mit ihren Widersprüchen und Verletzlichkeiten so nahe gekommen ist wie ich. Da bin ich wohl das Einzige, das sich damit brüsten kann, und das dank meiner strategisch günstigen Position im Büro von Rechtsanwalt Schmidt.

Ich habe nie ganz verstanden, was ungefähr zehn Jahre nach dem Krieg mit dem Schwiegersohn meines Herrn passiert ist. Ich habe nur mitbekommen, dass er verschwunden ist. Aber ich glaube nicht, dass er tot ist. Laut einiger Gesprächsfetzen, die ich aufschnappen konnte, war sein Abschied sehr sorgfältig vorbereitet worden; Ernest hatte offenbar in seinen wichtigsten Akten Notizen hinterlassen, für denjenigen, der sich nach ihm darum kümmern würde.

Mein hoch verehrter Herr lebte damals schon seit Jahren die ganze Zeit in Lichtenthal. Danach kamen andere Anwälte. Dann hat auch Madame Hübsch ihre sehr lange Karriere beendet. Ich war immer einsamer und hilfloser. All die Dinge, an denen ich mich orientiert hatte, sind nach und nach verschwunden. Ich habe meinen Platz nicht mehr gefunden, inmitten all dieser neuen Herren, die angefangen haben, die Kanzlei den neuen Normen anzupassen und dauernd von Restrukturierungsmaßnahmen sprachen. In diesem Zusammenhang wurde ich dann auch auf den Speicher verfrachtet, von dem ich schon seit Jahren nicht mehr weggekommen bin.

Ich weiß nicht, was für eine Zukunft mich erwartet.

Als mein alter Herr früher einen Prozess verlor und mit seinem Klienten beschloss, in Berufung zu gehen, sagte er immer:

„Bleiben wir mal optimistisch, nicht wahr …"

Also werde ich versuchen, es auch zu bleiben, nicht wahr …

Alice Schmitt

Straßburg, Altersheim Bethesda, 24. Mai 2004
Mittlerweile bin ich an meinem Lebensabend angelangt, wie man so sagt: Ich habe gerade meinen 90. Geburtstag gefeiert. Ich weiß nicht so genau, was ich aus meinem Leben gemacht habe, oder vielmehr, was *man* aus ihm gemacht hat. Und ich weiß übrigens auch nicht, wer das ist: *man*. Ich weiß nur, dass ich meinen Lebensabend erreicht habe. Und wenn mein Leben ein einziger Tag wäre, dann wäre das ein sehr trauriger Tag.

Ernest wollte mich glücklich machen. Aber er konnte es nicht. Das hat er in dem Brief geschrieben, den mir der Notar ausgehändigt hat.

Ich habe eine ganze Weile gebraucht, um zu verstehen, was er mir damit sagen wollte. Damals wusste man noch nichts von diesen Geschichten: von Männern, die lieber Männer mögen als Frauen. Und ich wusste noch nicht mal etwas von Männern, die Frauen lieben, das will schon was heißen! Mittlerweile weiß ich ein bisschen mehr, aber jetzt ist es zu spät. Warum habe ich das nicht früher verstanden? Damals war ich, wie alle Mädchen aus meinem Milieu, eine richtige Unschuld vom Lande. Die meisten von uns waren einige Stunden vor ihrer Hochzeitsnacht den panischen Blicken ihrer Mütter begegnet. Den gleichen Blicken, mit denen die Mütter wahrscheinlich auch schon eine Generation früher ihre Töchter angeschaut hatten.

Ich erinnere mich noch an die langen Nächte, die ich mit Ernest in unserem Schlafzimmer verbracht habe. Jeder lag auf seiner Seite des Ehebetts. Es war eins von diesen Betten, die man heutzutage hier nur noch beim Trödler findet, eins mit Bettritze. Sogar in strengen Wintern ist jeder auf seiner Seite geblieben. Und wir haben kein Wort miteinander gesprochen. Wir lagen nur still da. Aber jeder wusste, dass der andere auch nicht schlief. Jeder hat den anderen atmen und sich ab und zu bewegen hören. Und wir wussten beide, dass der andere in ein Zwiegespräch mit seinen eigenen Geistern vertieft war.

Ich weiß nicht, was ein gelungenes Leben ist. Um das zu wissen, müsste ich meins nochmal leben. Aber jetzt ist es zu spät. Schon lange zu spät.

In meiner Brieftasche habe ich ein Foto von Ernest von vor dem Krieg. Ich habe es mit Folie überziehen lassen. Ernest mit strahlendem Gesicht. Nach seiner Heimkehr von der Wehrmacht habe ich ihn nie wieder mit so einem Gesicht gesehen.

Ich würde mich so gerne wieder in diesen Moment zurückversetzen, in dem dieses Foto entstanden ist. Von der Sekunde dieses Lächelns an würde ich gerne alles nochmal von vorne anfangen. Wenn ich das alles damals gewusst hätte, dann hätte ich sicher die Kraft gehabt, ihn zurückzuhalten.

Außerdem habe ich in meiner Brieftasche noch einen zweimal gefalteten Brief, den ich im Frühling 1990 bekommen habe, vor bald 15 Jahren. Trotz der Tesafilm-

Streifen auf den Falzen fällt er schon fast auseinander. Ich habe ihn ja auch schon hunderte Male gelesen, seit ich ihn eines Morgens in meinem Briefkasten gefunden habe.

Käthe Römhild

Römhild Farm, Kapunda, South Australia

Kapunda, 30. April 1990

Liebe Madame Alice Schmitt,

Ich weiß nicht, ob Sie diesen Brief eines Tages lesen werden. Ich weiß noch nicht einmal, ob Sie noch am Leben sind. Aber falls dieser Brief Sie erreicht, kann ich mir Ihr Staunen vorstellen, wenn Sie eine Botschaft aus Australien erhalten, die auf Deutsch von einer alten Dame mit zitternder, unsicherer Hand geschrieben wurde.

Ich möchte mich zunächst einmal vorstellen: Mein Name ist Käthe Römhild und ich stamme aus Ostpreußen. Nach Hitlers Machtergreifung ist meine Familie nach Australien ausgewandert. Unser Vater hat rechtzeitig unser Gut verkaufen und im Süden Australiens in Kapunda einen Bauernhof erwerben können. Dort lebten entfernte Verwandte, die wie viele Deutsche im vergangenen Jahrhundert in diese Gegend Australiens ausgewandert sind. Hier in dieser Farm sitze ich nun und schreibe Ihnen. Ich lebe alleine – ich bin schon lange verwitwet und habe keine Kinder.

Kapunda ist ein winziges Dorf. Sie werden es auf keiner Landkarte finden. Suchen Sie einfach nach Adelaide, im Süden des Kontinents – einer Stadt mit einer Million Ein-

wohnern. Wir sind nur drei Autostunden von Adelaide entfernt, was angesichts der unendlichen Weite des Landes ein Katzensprung ist.

Ich schreibe Ihnen heute auf die ausdrückliche Bitte Ihres verstorbenen Mannes Ernest Schmitt hin, der seit gestern auf dem kleinen Friedhof von Kapunda im Schatten einer hundertjährigen Linde ruht.

Ich weiß, dass Sie nie mehr etwas von ihm gehört haben, seit er Sie verlassen hat, Sie, sein Land und seine Heimat, in der er aufgewachsen ist. Ich werde also versuchen, Ihnen die Fragen zu beantworten, die Sie mir stellen würden, wenn Sie jetzt an meiner Seite wären.

Ernest Schmitt ist zur Erntezeit 1956 nach Kapunda gekommen. Damals war er gerade einmal 46 Jahre alt. Die Einwanderungsbehörde oder das Landwirtschaftsministerium, so ganz genau weiß ich das nicht mehr, hatte ihn an unseren irischen Nachbarn Patrick O'Sullivan verwiesen. Pat betrieb damals ganz alleine eine kleine Farm, und er hatte sich bei einem Sturz in seiner Scheune das Bein gebrochen. Die Behörde hatte ihm also im Eilverfahren einen Immigranten zugeteilt, der sich mit Ackerbau auskannte. So ist Ernest Schmitt in unser Dorf gekommen, das er zeitlebens nicht mehr verlassen hat und in dem er nun seine letzte Ruhestätte gefunden hat. Er hat verfügt, dass auf seinem Grabstein Folgendes eingraviert wird: „Ernest Schmitt, 1910 (Elsass) – 1990 (Kapunda)".

Nach seiner Ankunft hier ist Ihr Mann sehr diskret geblieben, aber er hat sich bald schon sehr gut mit den Dorfbewohnern verstanden. Dazu muss man sagen, dass er sich nicht nur vorbildlich um O'Sullivans Farm gekümmert hat, sondern auch um O'Sullivan selber, was kein

Pappenstiel war: Sulli hatte den Ruf, auch bei bester Gesundheit schwer zu ertragen zu sein. Die Leute im Dorf haben die beiden irgendwann „the catholics" genannt.

Wir wussten, dass Ernest Franzose war, aber an seinem Namen und seinem deutschen Akzent (sein Englisch war am Anfang ziemlich schlecht) hatte ich erraten, dass er entweder aus dem Elsass oder aus Lothringen stammen musste. Und ich habe sofort bemerkt, dass er sehr froh war, mit jemandem aus Kapunda Deutsch sprechen zu können. Wir haben übrigens über viele Jahre nur Deutsch miteinander gesprochen. Ich war seine Englischlehrerin. Und als Gegenleistung hat er meine Französischkenntnisse aufgefrischt. Es gab in unserer Gegend etwas, was er sehr lustig fand: Hier in Kapunda bauen wir hauptsächlich Weizen an, aber ein paar Meilen von hier entfernt beginnt das Weinbaugebiet; einer der Hügel, die man von Kapunda aus im Osten sieht, heißt der „Kaiserstuhl". Ernest hat erzählt, dass es in seiner Heimat, wenn man Richtung Osten auf die andere Rheinseite blickt, auch einen Kaiserstuhl gibt …

Vielleicht denken Sie jetzt, dass wir zusammengelebt haben, dass wir wie Mann und Frau waren. Da kann ich Sie sofort beruhigen: Es ist nichts zwischen uns gewesen, oder doch, es gab da etwas sehr Wichtiges, eine tiefe Freundschaft, auch wenn große Teile seines Lebens für mich ein Rätsel geblieben sind. Aber vielleicht fand ich gerade dieses Rätselhafte so spannend?

Ach, ich kann Ihnen ja alles frei raus erzählen, was haben wir beide in unserem Alter schon zu verlieren? Es stimmt schon, ich hätte ihn gerne zu meinem Mann gemacht, aber er wollte nicht. Das hat er mir sehr deutlich zu verstehen gegeben, als ob ein Leben mit einer Frau für ihn unmöglich wäre, etwas Gefährliches, was ein für alle Mal beiseitegelegt werden muss, in den Schrank der alten Erinnerungen.

Irgendwann habe ich mir gedacht, dass ihn Frauen nicht interessieren und ich habe meine Bemühungen eingestellt. Ich weiß, dass es abfälliges Geschwätz über bestimmte Neigungen gab, die er gehabt haben soll. Aber ich habe nie mit ihm darüber gesprochen. Und glauben Sie mir, es gibt hier genauso viele böse Zungen wie in Europa!

Auf jeden Fall habe ich mit ihm einen Freund gewonnen, wie man nur ganz wenige im Leben hat. Wir waren beide in Kapunda gestrandet und ich denke, wir hatten beide das Gefühl, dass unsere Existenzen zerstört worden waren. Wir waren vorsichtig damit, die Geschichte Europas dafür verantwortlich zu machen, weil wir ja wussten, dass andere, das heißt die meisten Leute, sehr wohl damit zurechtkamen. Wir waren übrigens auch der Meinung, dass nicht einzig und allein die Geschichte, mit all ihren Kriegen und Traumata, die Erklärung dafür liefert, was aus uns geworden ist. Und wir wussten auch, dass wir Glück hatten, überhaupt noch am Leben zu sein.

Einmal habe ich ihn gefragt, wie er das geschafft hatte, nichts kommen zu sehen, wo er doch einen Katzensprung von der Grenze zu Hitlers Deutschland entfernt gelebt hatte.

Er hat gesagt, er hätte sich wie ein feiger Kleinbürger verhalten, der alle Verantwortung von sich weist. Dass er morgens die Zeitung gelesen hat, in der über Konzentrationslager berichtet wurde, um dann nachmittags mit sei-

nem Schwiegervater auf die Jagd zu gehen. Er hat gesagt, dass er vor dem Krieg den Hasspredigten von Typen, die 1940 in seiner eigenen Stadt an die Macht kamen, keine Beachtung geschenkt hatte. Oft hat er mir erzählt, dass er einen Mann persönlich kannte, der ein hohes Tier bei den Nazis geworden war, als die Wehrmacht ins Elsass kam. „Und diesen Typ", sagte er, „den hab ich einfach schwätzen lassen, ohne ihn ernst zu nehmen, und als ich mir der Gefahr bewusst wurde, war's schon zu spät …" Da habe ich ihm geantwortet, dass man gegen solche Leute eben nichts machen kann, ich habe ihm meine Familie als Beispiel genannt und gesagt, dass die Flucht die einzige Möglichkeit war.

Aber das tröstete ihn kein bisschen. „Ich war ja noch nicht mal dazu fähig zu fliehen. Schlimmer noch, ich bin ins naziverseuchte Elsass zurückgekommen, obwohl ich genauso gut in der freien Zone im Süden hätte bleiben können", sagte er dann …

An Weihnachten blühen hier die Mimosen und einmal, das ist mittlerweile schon ewig her, da bin ich beim bloßen Anblick der ersten Blüten in Tränen ausgebrochen. Da ich gerne ohne Grund weine, hat mir das nichts ausgemacht. Aber einmal ist Ernest kurz danach zu mir gekommen.

„Sie haben ja geweint, Käthe", hat er gesagt.

„Ja stimmt, das passiert mir manchmal: ich weine, ohne zu wissen warum."

„Sie Glückliche", hat er geantwortet. „Ich würde auch gerne ab und zu mal weinen, aber ich habe vergessen, wie das geht. Vielleicht hatte ich in der Vergangenheit schon zu viele Gründe dafür und hätte es damals tun sollen …"

In solchen Momenten hatte ich die Hoffnung, er würde sich öffnen, aber er blieb immer sehr verschlossen.

Uns verband eine tiefe Trauer. Er wusste genau von meiner. Ich muss zugeben, dass ich sie oft nicht verbergen konnte. Häufig saßen wir beide lange und schweigend vor dem Kamin, den ich jetzt auch vor mir habe, und wir waren beide in melancholische Gedanken vertieft. Vielleicht waren wir uns während dieser gemeinsamen Schweigemomente am nächsten. Jeder von uns war in seiner eigenen Welt, in seiner Einsamkeit, und doch waren wir einander so nah. Manchmal ließ ich ihn Geschichten wiedererzählen, die ich besonders mochte. Er konnte sie gut erzählen, mit seiner speziellen Art, das ‚r' zu rollen.

Er wusste aber auch, wie er uns aus dieser melancholischen Stimmung wieder herausholen konnte. Einmal hat er mir erzählt, dass er im Elsass manchmal auf die Jagd gegangen war, obwohl diese Tätigkeit kein besonderes Gefühl der Zufriedenheit in ihm auslöste. Aber, hat er hinzugefügt, das gehörte damals eben zu seinem Lebensstil … Und da hat er mir erzählt, dass er manchmal auf dem Hochsitz eingeschlafen war und von der Sonne geweckt wurde, die eben hinter dem Kaiserstuhl im Osten aufging, um dann festzustellen, dass gerade Rehe unter seinem Hochsitz grasten. Mit solchen Geschichten habe ich meine Traurigkeit für eine ganze Weile vergessen, und sogar heute brauche ich mir Ernest nur vorzustellen, wie er auf seinem Hochsitz mit den Augen blinzelt, und schon fühle ich mich besser.

Und dennoch hatte ich ihn auch immer wieder im Verdacht, etwas Schweres auf dem Gewissen zu haben. Etwas Schlimmes sogar. Ein Beispiel: Ich brachte ihm Englisch bei mit Hilfe unserer lokalen Zeitung, „The Adelaide Adviser". Und stellen Sie sich vor, die Artikel, die ihn am meisten interessierten, das waren die Kriminalfälle. Er wollte unbedingt bis ins kleinste Detail wissen, wie das australische Rechtssystem funktioniert, wie das Leben in den Gefängnissen abläuft ... Und, was noch seltsamer war: Als er mich vor noch gar nicht so langer Zeit einmal nach Tamunda gefahren hat, der kleinen Stadt hier in der Nähe, wo wir oft einkaufen waren, wollte er, dass wir uns vor dem kleinen Gericht verabreden. Als ich ihn aus dem Gebäude kommen sah, konnte ich es mir nicht verkneifen zu fragen, was er da denn wollte. Wissen Sie, was er geantwortet hat? „Von Zeit zu Zeit muss man, wenn keiner da ist, in Kirchen und in Gerichtssäle gehen, auch wenn man weder an Gott, noch an die Rechtsprechung der Menschen glaubt. Weil sowohl Kirchenmauern als auch die Mauern von Gerichtssälen Erinnerungen von all den menschlichen Gefühlen aufbewahren, die irgendwann mal dort gestrandet sind. Man sollte am besten alte Kirchen und Säle aufsuchen, die schon Generationen von Verteidigern gehört haben, um das Menschliche in all seiner Vielschichtigkeit aus den Wänden sickern zu spüren." Ich weiß, dass er auch noch was von Zärtlichkeit gesagt hat, die er für solche Orte empfindet. Ich erinnere mich sogar, dass er auf Deutsch so etwas sagte wie „... da empfinde ich eine große Zärtlichkeit für die ganze Menschheit ..." Sehen Sie, das alles ist vor gerade mal zwei Jahren passiert. Und bis zum Schluss hat er sich diese geheimnisvolle Seite bewahrt, die seinen Reiz ausmachte.

Eines Tages hat er mir eine Frage gestellt, die mich sehr erstaunt hat, eine Frage, an die ich noch oft denke. Wir saßen an einem Augustabend mitten im Winter in meinem Wohnzimmer. Draußen war es sehr kalt. In Australien gibt es oft sehr harte Winter, sogar im Süden des Landes, und ich glaube, mich zu erinnern, dass es an diesem Abend eine Art Sandsturm gegeben hat. Schon seit einer Weile starrten wir abwesend in den brennenden Kamin, da fragte er plötzlich:

„Käthe, haben Sie das Gefühl, in Ihrem eigenen Leben zuhause zu sein?"

Ich war so erstaunt über die Frage, dass ich geantwortet habe:

„Ich weiß nicht. Und Sie?"

„Ich habe gerade die Siebzig überschritten, und ich glaube, so langsam bin ich in meinem Leben zuhause. Das ist reichlich spät, werden Sie sagen, aber so ist es nun mal. Ich habe all diese Jahre gebraucht und musste hierherkommen, um das zu schaffen. Ich habe das Gefühl, dass man mir mein Leben über weite Strecken entwendet hat, dass es ein verlorenes Leben war. Aber hier, wie soll ich sagen, Käthe, hier spüre ich, dass mein Leben nur mir gehört, und glauben Sie mir, das ist wirklich angenehm."

Seien Sie außerdem versichert, dass er nie schlecht über Sie geredet hat. Als er spürte, dass sein Ende naht, hat er mir einfach nur Ihren Namen und Ihre Adresse gegeben und mir aufgetragen, Ihnen zu erzählen, wie er hier gelebt hat.

Ein Bild von ihm, das mir in Erinnerung bleiben wird: Im Sommer hat man ihn manchmal bis spät in die Nacht über einen Tisch gebeugt in der Nähe der Eingangstür zu seiner Farm sitzen sehen. Er hat wohl gelesen oder geschrieben, ich weiß es nicht. Aber ich habe ihn gern von

Weitem beobachtet. Er hatte die Angewohnheit, Weihrauch anzuzünden, um die Mücken zu verscheuchen. Und der Rauch, der dann mitten in der Nacht zum Himmel aufstieg, schaffte eine zugleich mysteriöse und sehr friedliche Stimmung. Das Ganze ergab ein schönes Bild, das mir sehr deutlich im Gedächtnis bleibt.

Das ist alles, liebe Madame Schmitt, was ich Ihnen über denjenigen erzählen kann, der einmal Ihr Mann war. Falls Sie dieser Brief erreicht, seien Sie so lieb und bestätigen Sie mir den Erhalt. Ich bitte Sie außerdem, mir keine Fragen zu stellen. Ich habe Ihnen alles in aller Offenheit erzählt, was ich über Ernest weiß. Beim Durchlesen meines Briefes denke ich, dass ich vielleicht sogar ein bisschen zu viel gesagt habe …

Seien Sie ganz herzlich gegrüßt, liebe Madame Schmitt,

Ihre Käthe Römhild

Bibliografische Information der Deutschen Nationalbibliothek
Die Deutsche Nationalbibliothek verzeichnet diese Publikation in der Deutschen Nationalbibliografie; detaillierte bibliografische Daten sind im Internet über http://dnb.dnb.de abrufbar.

Lektorat: Petra Wägenbaur, Tübingen

Internet: www.kloepfer-narr.de
eMail: info@kloepfer-narr.de

CPI books GmbH, Leck

ISBN 978-3-7496-1006-8 (Print)
ISBN 978-3-7496-6006-3 (ePub)